小學を読む

己を修め徳望を磨く古典

Arai Katsura
荒井桂

致知出版社

はじめに

己を修め徳望を磨く鑑戒《かんかい》となる箴言《しんげん》や先覚者の言行を、数多の古典や歴史から精選した書が『小学』です。この名著を撰集したのが、朱子とその門弟劉子澄《りゅうしちょう》であり、朱子学が幕府の官学とされた江戸時代には、この『小学』が『大学』と共に、広く必読の書とされていました。したがって昔は、少《すく》なくとも明治時代までは、これを読まぬ者はなかったのであります。このため『小学』に集録されている「孟母三遷」や「孟母断機」の逸話や「先憂後楽」の教えが、多くの人びとに常識と見なされてきたのです。

ところが今日、『大学』はまだ読むけれども、『小学』はほとんど読まれなくなってしまいました。しかし修己の学の基礎基本である『小学』を学ばなければ、修己治人の学の古典である『大学』は、わからないのであります。

安岡正篤先生は、『人物を創る―人間学講話「大学」「小学」』の中で、そう説いた後に、章風山の話を紹介しています。

私の好きな大家の一人章風山は、明代の碩学《せきがく》で、王陽明とほぼ同時代に生きた人でありますが、あるとき新進の進士（科挙の合格者）が訪ねて来て、「私も進士の試験に及第しましたが、これから、一つ、どういうふうに勉強すればよろしいでしょうか、ご教示願いたい」と頼んだ。章風山はこれに答えて「なんと言っても『小学』をやることですね」と言った。言われた進士は内心はなはだ面白くない。進士の試験に及第した自分に『小学』をやれとは、人を馬鹿にするにも程があるというわけであります。そうして家に帰り、なんとなく『小学』を手にとって読んでみたところが、まことにひしひしと身に迫るものがある。そこで懸命に『小学』を勉強して、再び章風山を訪れた。するとろくろく挨拶も終らぬうちに章風山が言った、「だいぶ『小学』を勉強しましたね」と。びっくりして「どうしてわかりますか」と訊ねたところ、「いや、言語・応対の間に自《おのず》から現われておりますよ」と答えたということであります。

以上、長い引用となってしまいましたが、安岡先生の情理兼ね備わった達意平明な文章なのでお許しいただきたい。

このたび、致知出版社からこの忘れられがちな古典『小学』が、現代にもなお活きる内容を精選し、訳注を付して刊行されることになりました。今日、己を修め心を育む書物の求められる中で、まことによろこばしいことと思います。

終わりになりますが、志高い出版を進められる藤尾秀昭社長をはじめ、致知出版社の関係者の皆さんに深く敬意を表するところであります。

平成二十七年八月

公益財団法人郷学研修所所長　荒井　桂

「小學」を読む＊目次

外篇

装幀——川上成夫
編集協力——柏木孝之

「小學」を読む

小學書題

（「題ス㆓小学書ニ㆒」とすべきだとの意見もある）。

古《いにしへ》は小學《せうがく》にして、人《ひと》を敎《をし》ふるに、灑掃《さいさう》・應對《おうたい》・進《しん》退《たい》の節《せつ》、親《しん》を愛《あい》し長《ちやう》を敬《けい》し師《し》を隆《たつと》び友《とも》を親《した》しむの道《みち》を以《もつ》てするは、皆《みな》身《み》を脩《をさ》め家《いへ》を齊《ととの》へ國《くに》を治《をさ》め天下《てんか》を平《たひ》らかにするの本《もと》と爲《な》る所以《ゆゑん》なり。而《しか》して、必《かなら》ず其《それ》をして講《かう》じて之《これ》を幼穉《えうち》の時《とき》に習《なら》はしむるは、其《そ》の習《ならひ》智《ち》と長《ちやう》じ、化《くわ》心《こころ》と成《な》り、扞格《かんかく》して勝《た》へざるの患《うれひ》無《な》からんを欲《ほつ》するなり。

今《いま》其《そ》の全書《ぜんしよ》は、見《み》る可《べ》からずと雖《いへど》も、而《しか》れども傳記《でんき》に雜出《ざつしゆつ》する者《もの》も、亦《また》多《おほ》し。讀《よ》む者《もの》往往《わうわう》直《ただ》に古今《ここん》宜《よろ》しきを異《こと》にするを以《もつ》て、之《これ》を行《おこな》ふ莫《な》し。殊《こと》に、其《そ》の古今《ここん》の異《こと》なること無《な》き者《もの》は、固《もと》より未《いま》だ始《はじ》めより行《おこな》ふ可《べ》からざるにはあらざるを知《し》らざるなり。今《いま》頗《すこぶ》る蒐輯《しうしふ》して、以《もつ》て此《こ》の書《しよ》を爲《つく》り、之《これ》を童蒙《どうもう》に授《さづ》け、其《そ》の講習《かうしふ》を資《たす》く。風化《ふうくわ》の萬一《まんいち》に補《おぎなひ》有《あ》るに庶幾《ちか》からんかと爾《しか》云《い》ふ。

淳熙《じゆんき》丁未《ていび》三月《さんげつ》朔旦《さくたん》、晦菴《くわいあん》題《だい》す。

〔大意〕

『小学』の書の序文（朱子の文集に従って「小学の書に題す」とすべきだとの意見もある）。

夏《か》・殷《いん》・周の古《いにしえ》の小学では、実際の生活に必要な拭き掃除をすることと人に応対すること、行動の作法、近親を愛し長上を敬い師をとうとび朋友に親しむ道を教えた。これらのことはみな、修身・斉家・治国・平天下の根幹となるゆえんであり、必ずこれらの作法・徳行を幼少の時から教え学ばせたのである。それは、その習慣と知恵と教化と心情とが相俟って成長し、互いに矛盾せず行動の規範が確立するよう願ったからにほかならない。

今日ではもはや、『小学』の書の古の記録の全体像を見ることはできないけれども、聖経・賢伝のあちこちにばらばらに出ているものは少くないのである。ところが時代の違いから生活のあり方が異なるからとの理由で、それらの記録を活用しようとする者がいない。これらの人びとは、時代が違っても価値の異ならないことは今日でもこれを活用できることに気づかないのである。そこで自分は、聖経・賢伝に散見するそれらを集めて、この『小学』の書にまとめ、これを幼少の子供たちに授け、学習の手助けに提供しようと思う。風俗教化に多少なりとも役立つことを心から期待するところである。

＊題…書物の巻頭にしるす言葉。その書物の大意を書き表わす。序の異名。跋は、書物の巻末にしるされる言葉。

小學題辭

元亨利貞《げんかうりてい》は、天道《てんだう》の常《つね》、仁義禮智《じんぎれいち》は、人性《じんせい》の綱《かう》。凡《およ》そ此《こ》れ厥《そ》の初《はじめ》、不善《ふぜん》有《あ》ること無《な》し。藹然《あいぜん》たる四端《したん》、感《かん》に隨《したが》つて見《あら》はる。親《おや》を愛《あい》し、兄《あに》を敬《うやま》ひ、君《きみ》に忠《ちゆう》に長《ちやう》に弟《てい》なる、是《これ》を秉彝《へいい》と曰《い》ふ。順《したが》ふ有《あ》りて彊《し》ふる無《な》し。

惟《こ》れ聖《せい》は性《せい》なる者《もの》、浩浩《かうかう》たる其《そ》の天《てん》、毫末《がうまつ》を加《くは》へず、萬善《ばんぜん》足《た》る。衆人蚩蚩《しゆうじんしし》として、物欲《ぶつよく》交〻蔽《こもごもかく》し、乃《すなは》ち其《そ》の綱《かう》を頽《くづ》し、此《こ》の暴棄《ばうき》に安《やす》んず。惟《こ》れ聖斯《せいこ》に惻《あは》れみ、學《がく》を建《た》て師《し》を立《た》て、以《もつ》て其《そ》の根《こん》に培《つちか》ひ、以《もつ》て其《そ》の支《し》を達《たつ》す。

小學《せうがく》の方《はう》は、灑掃應對《さいさうおうたい》、入《い》りては孝《かう》、出《い》でては恭《きよう》、動《うご》くには或《あるい》は悖《もと》る罔《な》く、行《おこな》ひて餘力《よりよく》有《あ》らば、詩《し》を誦《しよう》し書《しよ》を讀《よ》み、詠歌舞蹈《えいかぶたう》、思《おも》ふは或《あるい》は逾《こ》ゆる罔《な》し。理《り》を窮《きは》め、身《み》を修《をさ》むるは、斯《こ》れ學《がく》の大《だい》、明命赫然《めいめいかくぜん》として、内外《ないぐわい》有《あ》る罔《な》し。德崇《とくたか》く業廣《げふひろ》くして、乃《すなは》ち其《そ》の初《はじめ》に復《かへ》る。昔《むかし》足《た》らざるに非《あら》ず、今豈餘《いまあにあまり》有《あ》らんや。

世《よ》遠《とほ》く人《ひと》亡《う》せ、經《けい》残《そこ》ね教《をしへ》弛《すた》り、蒙養《もうやう》端《ただ》しからず、長《ちやう》じて益《ます》ゝ《ます》浮靡《ふび》、郷《きやう》に善俗《ぜんぞく》無《な》く、世《よ》に良材《りやうざい》乏《とぼ》し。利欲紛拏《りよくふんど》し、異言喧豗《いげんけんくわい》す。幸《さいはひ》に茲《こ》の彝《つね》を秉《と》る、天《てん》を極《きわ》めて墜《お》つる罔《な》し。爰《ここ》に舊聞《きうぶん》を輯《あつ》む。庶《こひねが》はくは來裔《らいえい》を覺《さま》さん。嗟嗟《ああ》小子《せうし》、敬《つつし》みて此《こ》の書《しよ》を受《う》けよ。我《わ》が言《げん》の耄《ばう》に匪《あら》ず、惟《こ》れ聖《せい》の謨《ぼ》なり。

〔大意〕
『小学』という書物の全体の主旨を述べる文章で、序跋とほぼ同じ。『小学』になぜ書題と題辞が二つ朱子によって作られたのかは、この題辞は、四文字句に切って対句とし、更に韻をふんでおり、これを音読すれば、語調よく、おぼえやすいようにしてあること、及び書題よりも一層詳細に全体の主旨を述べるねらいがあったからである。

元亨利貞《げんこうりてい》は天の四徳であり、天道は常に活発に、とどこおりなく運行するもので、万物を発生し、成長させ、完成させて、一切の凝滞を許さず、それぞれ天賦の法則を正しく執り守るものだけを存在させてゆく。人間にもその存在の法則を保つべく、性が賦与されているが、仁義礼智、つまり道徳性こそ、その最も大切な要因であり、本質である。このため、性は元来、至善である。この至善の性は、外物に接触したとき、惻隠・羞悪・辞譲・是非の心、つまり『孟子』にいう四端として具体的に発現してくる。事物に感動するにしたがって内なる至善の性が、外なる情として藹然《あいぜん》として現われ出るのである。したがってこの心による行動は、おのずから、子としては親を愛し、弟としては兄を敬い、臣としては君に忠を尽くし、子弟としては長上につかえるというように、すべての徳行となる。これを人の常性ということができる。つまりこのような道徳は、人間の本性の自然の理にしたがって現われるのであり、本性に強制したものではないのである。

そもそも、聖人の心は、性の本来を完了しているので、あの広大なる天そのもの、人為を加えず、そのままでよろずの善心善行を充足している。衆人つまり凡人は無知のため、絶え間なく起こってくる物質的欲望にさまたげられて、本来の至善なる性を全うできず、仁義礼智という人性の大綱をくずれさせてしまう。よって自暴自棄に陥ってしまうのである。この状態は、聖人の放任するに忍びないところである。このため、学校を建て、教師を置いて、凡人の心性の根本を養い、その枝葉を伸ばしてやるよう導くことになったのである。

この『小学』の教育方法は、まず掃除応対など子弟としての作法を教え、家では親に孝行し、外では礼に従って言動して、子弟たる態度にそむかないようにさせ、それらの実行に努めて、なお余力があれば、詩を誦し書を読み、歌をうたい舞踏をさせて、性情の正しい発動を期する。これが、いわゆる『小学』である。

そして、この基礎に立って道理を窮め身を修めるが、それは『大学』の段階に属している。窮理も修身も、みな小学による性情の涵養なくしては行われないが、窮理修身によって本来の性が明確な明光を発揮してきて、心の中と行動とは、少しも矛盾がなくなる。ここに徳の高く業の広い聖人が出現することになるが、それは心の作用がただ天賦の能力を発揮しているにすぎない。もともと足りなかったわけでもなく、いまになって余っているわけでもない。性そのものに、増減があるわけではないのである。

あの三代の盛事も遠い古のこととなり、聖人を目のあたりに見る由《よし》もない。聖人の経書も多く失われて、不完全な形でしか残されていない。教化もまた弛廃せずにはいなかった。三代の古に重んじられた『小学』も廃れて、人は幼少期に正しい教養を受けることが叶わず、成長するに従ってますます軽薄浮華に赴くばかりである。郷里に善良な風俗が見られず、優秀な人材も得られない。ただ物欲が激しく人心を誘惑し、異端（不正）の言説がかしましく耳に入ってくるばかりである。しかし、幸いにも、人の徳性は、天から賦与されたものなので、天の存する限り、人の地上に生存する限り、失われ尽くすということはない。そこで、自分が、永年、聞き伝えて来たところを編集して（小学書とし）、これからの人びとに読ませてその自覚を促そうと思う。後学の若い人達よ、この書中のことは、この老いぼれの言葉ではなく、正しく聖人の権威ある教えなのである。

＊元亨利貞《げんこうりてい》…『周易』に、「乾、元亨利貞」（乾《けん》は元《おおい》に亨《とお》りて利《よ》ろし）とあり、この四つを乾《けん》即ち天の四徳として説明している。『周易』の文言伝には、「元《げん》は善《ぜん》の長《ちょう》なり。亨《こう》は嘉《か》の会《かい》なり。利《り》は義《ぎ》の和《わ》なり。貞《てい》は事《こと》の幹《かん》なり」とあり、「元亨利貞は、天道の常」とは、天道は常に活発に、

とどこおりなく運行するもので、万物もおのおのその正しい存在の形式を保ってゆくのが自然の姿であるという意味となる（元は大なり、亨は通なり、利は宜しきなり、貞は正しくして固きなり）。

＊仁義礼智…仁は人を愛すること。義は正しいことをすること。礼は秩序ある社会生活が行なわれるために定められた具体的行動形式。智は是非の判断、道理の認識の作用・能力。

＊人性の綱《こう》…人間性に最も大切な、またその根本をなすもの。綱はおおづなで網の要となる。

＊藹然《あいぜん》…たくさんで盛んなありさま。

＊四端…『孟子』公孫丑上に、「惻隠の心は仁の端なり、羞悪《しゅうお》の心は義の端なり、辞譲の心は礼の端なり、是非の心は智の端なり」とあり、朱子の注には「端は緒（いとぐち）なり」とあり、仁義礼智は性、惻隠は物をいとおしみ憐れむこと、羞悪は正しくないことを恥じにくむこと、辞譲は人にゆずること、是非は是非を判断することで、この四つは人が生まれつき持っている感情で、本性である仁義礼智の現われた端緒であるから、これを四端といい、これによって性の本来の姿に触れることができるとするのである。

＊秉彝《へいい》…秉《へい》は執る。彝《い》は常で、常性とか、常に然る傾向とかいう意。

＊浩浩たる其の天…『中庸』に見える。浩浩は、広大なさま。聖人は天と徳を同じくするという

ので、このような形容をする。天そのままの浩々たる心をいうこと。

*異言喧豗《いげんけんかい》…異言は聖王の制にそむく怪しげな言論。喧も豗も、かまびすしいこと。

小學　内篇

立敎第一

子思子《しして》曰《いは》く、天《てん》の命《めい》ずる之《こ》れを性《せい》と謂《い》ひ、性《せい》に率《したが》ふ之《こ》れを道《みち》と謂《い》ふ。道《みち》を脩《をさ》むる之《こ》れを敎《をしへ》と謂《い》ふと。天《てん》の明《めい》に則《のつと》り、聖《せい》の法《はふ》に遵《したが》ひ、此《こ》の篇《へん》を述《の》ぶ。師《し》たる者《もの》をして敎《をし》ふる所以《ゆゑん》を知《し》り、弟子《ていし》をして學《まな》ぶ所以《ゆゑん》を知《し》らしむ。

〔大意〕
『小学』は内・外の二篇から成る。内篇は、おおむね、前漢までの文献によって、子弟・臣下たる者の守るべき規範を明らかにしたもので、四章に分かれる。「立教」「明倫」「敬身」の三章には、礼儀一般、心の持ち方などに関する内容を示し、最後の「稽古」の章では、それらを敷衍《ふえん》し、またその実行の可能を証明した古人の言行をしるしてある。

子思子（『中庸』の作者、子思の尊称）の言に「天が人間にかくあるべしとしてその本質を定められるのが性である。この本質に従って行動する規範を道という。また、この道を万人が行うために、各自の天分に応じて指導するのが教えである」とある。この「立教第一」では、あの天の明らかに命ずる所と、これを地上に実証した古の聖人の法度に従って、師たる者は何を教えるべきか、子弟たるものは何を学ぶべきかを知らしめようとしている。

＊朱子は『中庸章句』に、性・道・教を規定して、命は命令のことであるから、性は人が天からかくあるべしと定められた本質、道はその本質の発動法則とする。「修とは品節なり」といい、品節はその品々に応じて程よく度合いを分け定めることであるから、教とは、各人に道を行なわせるように、道に度合いと形式とを定めることになる。

列女傳《れつぢよでん》に曰《いは》く、古《いにしへ》は、婦人子《ふじんこ》を妊《はら》めば、寝《い》ぬるに側《そく》せず、坐《ざ》するに邊《へん》せず、立《た》つに蹕《ひ》せず、邪味《じやみ》を食《くら》はず、割《きりめ》正《ただ》しからざれば食《しよく》せず、席《せき》正《ただ》しからざれば坐《ざ》せず、目《め》に邪色《じやしよく》を視《み》ず、耳《みみ》に淫聲《いんせい》を聴《き》かず。夜《よる》は則《すなは》ち瞽《こ》をして詩《し》を誦《しよう》し、正事《せいじ》を道《い》はしむ。此《かく》の如《ごと》くなれば則《すなは》ち生《う》まるる子《こ》、形容端正《けいようたんせい》にして、才人《さいひと》に過《す》ぐ。

〔大意〕

『列女伝』にいう。いったい、古の胎教の法というのは、婦人が妊娠すると、その生活の在り方を正しくすることに心がける。すなわち寝る時には、まっすぐに安臥して、横むきにならない。坐る時にも、姿勢を正しく、かたむかないようにする。立つ時も重心が片足にかかって体がかたむかないようにする。また食事には刺激の強いもの、味の調和していないものを避ける。肉の切り目の正しくないものは食べない。坐る時も坐席が曲っておれば、それには坐らない。目に映るもの、耳に入るもの、すべて、邪淫の感じのものは、見たり聴いたりしない（要は、すべて正しいこと中和を得ることに注意するのである。これらはむずかしいことであるが、努力して習慣化せねばならない）。

夜間には、盲目の楽人に胎教にふさわしい詩をうたわせ、正しいことを語らせて聞く。このように気をつけて妊娠中を過ごせば、形の端正な、人にすぐれた才能を持つ子を生むことができる。（こどもの教育が、母の胎教に始まることを教えている）。

＊列女伝…漢の劉向《りゅうきょう》の著。上古から漢代までの正邪各型の代表的婦女を分類したもので、ここに引く一節は、巻一母儀伝のもので、周の文王の母太任《たいじん》は、胎教を重んじたので、文王のような聖王が生まれたとする「周室三母」の条《くだ》りのものである。

＊邪色…人の感覚を刺激してその平正を失わせるようなものを邪という。

＊淫声…淫とは、それによって人の心が正しさを失い易いものをいう。

内則《だいそく》に曰《いは》く、凡《およ》そ子《こ》を生《う》まば、諸母《しよぼ》と可《か》なる者《もの》とを擇《えら》び、必《かなら》ず其《そ》の寛裕《くわんゆ》・慈恵《じけい》・温良《をんりやう》・恭敬《きようけい》、愼《つつし》んで言寡《げんすくな》き者《もの》を求《もと》めて、子《こ》の師《し》たらしむ。子《こ》能《よ》く食《し》を食《しよく》せば、右手《みぎて》を以《もち》ふるを教《をし》ふ。能《よ》く言《ものい》へば、男《だん》は唯《ゐ》し、女《ぢよ》は兪《ゆ》す。男《だん》は革《かく》を鞶《はん》にし、女《ぢよ》は絲《し》を鞶《はん》にす。六年《ろくねん》にして之《これ》に數《すう》と方《はう》との名《な》を教《をし》ふ。七年《しちねん》にして男《だん》女席《ぢよせき》を同《おな》じくせず、食《しよく》を共《とも》にせず。八年《はちねん》にして門戸《もんこ》を出入《しゆつにふ》し、及《およ》び席《せき》に即《つ》きて飲食《いんしよく》するには、必《かなら》ず長《ちやう》者《じや》に後《おく》る。始《はじ》めて之《これ》に譲《じやう》を教《をし》ふ。九年《くねん》にして之《これ》に日《ひ》を數《かぞ》ふるを教《をし》ふ。

十年《じふねん》にして出《い》でて外傳《ぐわいふ》に就《つ》き、外《そと》に居宿《きよしゆく》し、書計《しよけい》を學《まな》ぶ。衣《い》は帛《はく》の襦袴《じゆこ》せず。禮《れい》は初《はじめ》に帥《したが》ひ、朝夕幼《てうせきえう》儀《ぎ》を學《まな》び、簡諒《かんりやう》を請《こ》ひ肄《なら》ふ。十有三年《じふいうさんねん》にして樂《がく》を學《まな》び詩《し》を誦《しよう》し勺《しやく》を舞《ま》ふ。成童《せいどう》にして象《しやう》を舞《ま》ひ射御《しやぎよ》を學《まな》ぶ。二十《にじふ》にして冠《くわん》し、始《はじ》めて禮《れい》を學《まな》ぶ。以《もつ》て裘帛《きうはく》を衣《き》る可《べ》し。大夏《たいか》を舞《ま》ひ、惇《あつ》く孝弟《かうてい》を行《おこな》ひ、博《ひろ》く學《まな》んで教《をし》へず、内《い》れて出《いだ》さず。三十《さんじふ》にして室有《しつあ》り、始《はじ》めて男事《だんじ》を理《をさ》む。博《ひろ》く學《まな》んで方無《はうな》し。友《とも》に孫《したが》ひ志《こころざし》を視《しめ》す。四十《しじふ》にして始《はじ》めて仕《つか》へ、物《こと》を方《はか》って謀《はかりごと》を出《いだ》し慮《おもんぱかり》を發《はつ》す。道合《みちあ》はば則《すなは》ち服從《ふくじゆう》し、不可《ふか》なれば則《すなは》ち去《さ》る。五十《ごじふ》にして命《めい》ぜられて大夫《たいふ》と爲《な》り、官政《くわんせい》に服《ふく》す。七十《しちじふ》にして事《こと》を致《かへ》す。

女子《ぢよし》は十年《じふねん》にして出《い》でず。姆《ぼ》、婉娩聽從《ゑんべんちやうじゆう》を教《をし》ふ。麻枲《まし》を執《と》り、絲繭《しけん》を治《をさ》め、紝《じん》・組《そ》・紃《じゆん》を織《お》り、女事《ぢよじ》を學《まな》び以《もつ》て衣服《いふく》を共《きよう》し、祭祀《さいし》を觀《み》、酒漿《しゆしやう》・籩豆《へんとう》・菹醢《そかい》を納《い》れ、禮《れい》相《たす》けて奠《てん》を助《たす》く。十有五年《じふいうごねん》にして笄《けい》す。二十《にじふ》にして嫁《か》す。故有《こあ》らば、二十三年《にじふさんねん》にして嫁《か》す。聘《へい》すれば則《すなは》ち妻《さい》と爲《な》り、奔《はし》れば則《すなは》ち妾《せふ》と爲《な》る。

〔大意〕
『礼記《らいき》』の内則篇には、次のようにある。一般に子が生まれると、妾・侍女の中で寛裕・慈恵・温良・恭敬にして慎しみ深く口数の少い者を選んで子の師とする。自分で食事ができるようになると、右手を用いることを教えこむ。言葉が話せるようになれば、男女それぞれの返事の仕方を教える。男子は革の帯を女子は絹の帯をしめさせる。六歳になれば、数（え方）と方角の言い方を教える。七歳になれば、部屋を別にし、同室の場合も、坐席は別にし、食事も一緒にはしない。八歳になれば、人との対応の仕方として、門戸の出入や飲食の席で、必ず目上の者を先にするようにしつけ、謙譲の心を教えるのである。九歳になれば、年月日の数え方を教える。

十歳になると、男女の教育はすべて別となり、男子は、後宮（妾・侍女の閨門）を離れて、外の師傅《しふ》の指導を受け、後宮外に起居して、書き方数え方を学ぶ。絹の衣類は許されず、朝夕、礼儀は習い初めどおりに、幼少の者の作法を学習する。

十三歳になると、音楽を学び、詩の読誦を行ない、勺の詩の音楽の舞踏を習う。成童つまり十五歳になると、象の舞いを習い、射御つまり射弓と馬車の操法の練習が始まる。

二十歳に達すると加冠の儀を行ない、成人として礼儀・作法を学び、毛皮や絹の衣服の着用が認められる。更に、文武備わる大夏の舞を行ない、孝悌の実践につとめ、広く学ぶことになるが、まだ師となって人に教えることはしない。内面の充実を専らにして外には出さない姿勢である。

三十歳に達すると結婚して家庭を持ち、初めて社会人として立ち成人男子としての役割を担う。学問は継続するが、一応学習は終っているので、自分の更に学びたいところを学ぶことができる。恭謙の良き友に交わり、互いに志を高め合う。

このようにして四十歳になると、初めて仕官し、国の官僚として政治に関与し、政策を検討し執行してゆく。その際、自分の所信や方針が承認されない場合は、辞任する。

五十歳にして、大臣・長官の高位に任命され官政に従事し、七十歳に達すれば隠退する。

女子は、十歳になっても、後宮（閨門）の中に起居して外の師傅《しふ》にはつかず、姆《ぼ》つまり女師からことばやしぐさの温順さ、人のことばをよく聴き、これに従う習慣を教えられる。また麻《あさ》や枲《からむし》をつむぎ、蚕糸をくり、衣服を供給する仕事を習う。これが女事すなわち婦功である。更に祭祀の際には、それを参観して、酒漿《しゅしょう》・籩豆《へんとう》・葅醢《そかい》などの供物を神前にすすめて礼の手助けをする。

十五歳に達すると、成人として許嫁し、笄《けい》（かんざし）をさす（男子の元服に当る）。

二十歳で結婚をする。もしその時、父か母かの喪にあえば、喪が明ける二十三歳で結婚する。この場合、男子から求婚され、婚礼の諸手続きをふんで、その男子から親しく迎えられた場合は、妻の身分が与えられ、もしこれらのない場合には妾となる。

＊以上『列女伝』及び『礼記』内則篇では、胎教に始まり、周代の上流の男女が、生まれた時以後、受ける教養の大体の順序を記している。これを見ると、九歳を過ぎると、男女の教育上の区別が著しくなることがわかる。
＊内則…『礼記』の第十二篇、主として家中での作法・儀式などが記されている。
＊諸母…父の妾。嫡母一人のほか、諸妾も皆、母とされたので、諸母といわれた。
＊可者…守り役又は侍女中の師とするによき者。諸母よりも身分が低い。
＊唯と兪…人に呼ばれたときの返事。唯は、すばやく、兪はゆるやかな返答。男女の性に従って返事も異なる。
＊外傅…後宮（閨門）の外に居る小学の師。傅つまり守り役が師ともなるので、師傅《しふ》との呼称がある。
＊簡諒《かんりよう》を請肄《せいい》す…請肄すは、請い習う意。簡は、書物、諒は、応対の言の信実あること。

＊勺を舞ふ…勺《しゃく》は、詩の篇名。武王をほめたときの詩で、この詩をうたいつつその舞を舞うこと。
＊大夏を舞ふ…大夏は、禹の楽の名称。文武かねそなわった楽なので、成人の後、これを舞う。
＊婉娩聴従…言語態度の温順なこと及び人の言うことをよく聴き、それに従うこと。皆、女徳とされた。
＊麻枲を執り…麻も枲も麻のこと。執るは、紡《つむ》ぎ作ること。
＊絲繭を治め…養蚕して繭から絹糸を繰り出すこと。
＊女事…婦女子としての仕事。
＊酒漿・籩豆・菹醢…漿とは、醋《す》のこと。籩豆とは、祭祀用の食物を盛るたかつき。籩は、竹製で果実・乾肉をもり、豆は木製で醢などをもる。菹は漬物《つけもの》、醋《す》につけて貯えた蔬菜や果実。醢は、ししびしお乾肉をきざんで麹と塩をまぜ、酒に漬《ひた》した塩辛《しおから》。
＊禮相に奠を助く…長者の手助けをして供物を神前にそなえること。女子は、あくまで手助けだけで、みずからこれをつかさどることはしないという考えが前提である。

一　曲禮《きょくらい》に曰《いは》く、幼児《えうじ》には常《つね》に誑《あざむ》く毋《な》きを視《しめ》す。立《た》つ

一
に必《かなら》ず方《はう》を正《ただ》し、傾《かたむ》き聴《き》かず。

〔大意〕
『礼記《らいき》』の曲礼篇に幼童の教育に関して次のようにいっている。一人立ちできない幼子は、未だ無知ではあるが、始終、これに、あざむかないということを示さなくてはならない。人のすることはいつわりはない。人は信頼すべきものであるという感じをもたせることが肝要である。誠を教えるのである。

次に幼子よりやや成長した童子には、立っている時には、必ず直立して正面を向くこと、人のことばを聞く時には、頭を傾けないことの二つを心がけさせる。すべて心の端正を保つためには、身体の端正を保たせることが必要だからである。

＊曲礼…『礼記』の第一篇で、作法・心得・制度などの、いわゆる礼を、こまかく順序立てて記している。

＊前半は、幼子を教育する時の大人の心得。後半は、童子自身の心得。前半は、誠を、後半は、敬を教えている。合わせて誠敬の二つは、身を修める大本なので、この項が『小学』に引用さ

れている。更に、内心と外貌とは、相応し相養うことも教えている。

學記《がくき》に曰《いは》く、古《いにしへ》の教《をし》へは、家《いへ》に塾《じゆく》有《あ》り、黨《たう》に庠《しやう》有《あ》り、術《すゐ》に序《じよ》有《あ》り、國《くに》に學《がく》有《あ》り。

〔大意〕
『礼記』の学記篇にいう。古代における教育は、行政区域である家（二十五家）には、塾、党（五百家）には、庠《しょう》、州（術／二千五百家）には、序、と名づけられる教育機関があり、これらの学校の優等生が順々に上級の学校に進み、最後に、国あるいは天子の都にある学校に入る仕組になっていた。

＊学記…『礼記』の第十八篇。古代における教学の理念・方法・内容などをまとめて記している。
＊古の教ふる者…古代の教えと学びの機関。
＊家に塾有り…家二十五軒を一巷として總門を立て、これを閭《りよ》という。門の両傍に学房があり、これを塾という。万民の子供はこの家に在って八歳より塾に入って、『小学』の教えを受ける。

＊党に庠有り…四閭をあわせて族《しょく》といい、五族をあわせて党という。つまり五百軒になる。その總学を庠といい、家塾の中のすぐれた者を、十五歳から庠に入れて『大学』の教えを受けさせた。

＊術《すい》に序有り…術（州）は、五党をあわせた区画で二千五百家。その總学を序といい、庠の中のすぐれたものを序に進学させて教える。

＊国に学有り…国とは、天子諸侯の都のこと。この国都の学宮を学といい、天子諸侯の子弟及び庠・序より推せんの学士が学ぶ。ここで選ばれた者が、国の政に当たることになっている。

孟子《まうし》曰《いは》く、人《ひと》の道《みち》たる、食《しよく》に飽《あ》き衣《い》を暖《だん》にし、逸居《いつきよ》して教《をし》ふる無《な》くんば、則ち禽獣《きんじう》に近《ちか》し。聖人《せいじん》之《これ》を憂《うれ》ふる有《あ》り、契《せつ》をして司徒《しと》たらしめ、教《をし》ふるに人倫《じんりん》を以《もつ》てす。父子《ふし》親《しん》有《あ》り、君臣《くんしん》義《ぎ》有《あ》り、夫婦《ふうふ》別《べつ》有《あ》り、長幼《ちやうえう》序《じよ》有《あ》り、朋友《ほういう》信《しん》有《あ》り。

〔大意〕
『孟子』にいう。元来、人間の自然のなりゆきとして、飽きるまで食べ、暖かな衣服を着、安逸に生活して、少しも教育されることがなかったならば、禽獣の生活に近くなってしまうものである。舜はまたこれを憂慮し、契を司徒に任命して、民に人倫を教えることにした。人倫とは、父子の間には親があり、君臣の間には義があり、夫婦の間には別があり、長幼の間には序があり、朋友の間には信があるという五倫の道をいう。

＊人の道たる…人の自然にそうなってゆく傾向。人の常として。
＊聖人…ここでは舜をいう。
＊契…舜の臣。
＊司徒…教育を司る官。
＊人倫…人の道。人と人との間がらの道徳。

弟子《ていし》職《しよく》に曰《いは》く、先生《せんせい》教《をしへ》を施《ほどこ》さば、弟子《ていし》是《こ》れ則《のつと》る。温恭《をんきよう》にして自《みづか》ら虚《むな》しうし、受《う》くる所《ところ》是《こ》れ極《きは》む。善《ぜん》を見《み》ては之《これ》に従《したが》ひ、義《ぎ》を聞《き》いては則《すなは》ち服《ふく》す。温柔孝《をんじうかう》弟《てい》、驕《おご》つて力《ちから》を恃《たの》む毋《な》かれ。志《こころざし》に虚邪《きよじや》なる毋《な》かれ。行《おこなひ》は必《かなら》ず正直《せいちよく》にす。游居《いうきよ》常《つね》有《あ》り、必《かなら》ず有徳《いうとく》に就《つ》く。顔色整齊《がんしよくせいせい》にして、中心《ちゆうしん》必《かなら》ず式《のつと》る、夙《つと》に興《お》き夜《よは》に寐《い》ね、衣帯《いたい》必《かなら》ず飭《ととの》ふ。朝《あした》に益《えき》し暮《くれ》に習《なら》ふ。小心翼翼《せうしんよくよく》、此《これ》を一《いつ》にして懈《おこた》らず。是《これ》を學則《がくそく》と謂《い》ふ。

〔大意〕

『管子』の弟子職篇に道を学ぶ子弟の心得として次のような言葉がある。弟子は、先生の教えによく従う。温和にして恭順、己れをむなしくして、受けた教えの内容を十分理解するよう努める。善と判れば必ず行ない、義と思えば、必ず従う。温柔孝悌を旨とし、自分の能力を恃《たの》んで驕《おご》る心があってはならない。志意と行為には虚偽と邪曲が無いよう心がけ、日々、行く所、居る所に常有り、必ず有徳の教えを乞う。長上の者に対しては、表情をととのえ、恭敬の気持を忘れない。朝早く起きて夜遅く寝るまで、衣服を整え、作法通りに行動する。朝《あした》に暮《ゆう》べに学びてこれを習い、細心に厳粛に、右のことがらも専一にして懈怠《けたい》せず力行する。弟子たる道は以上のようである。

＊弟子職…『管子』の篇名。弟子職篇は、子弟たるものの作法心得を記したもので、韻を踏み、誦読し易い配慮もある。弟子として師に学ぶところの職分を記しているのでこの名がある。

＊自ら虚しうして…己れを虚しうして。自分の能力や知識をほこることなく謙虚に。

＊虚邪なる毋かれ…虚は実質のないこと、毋は無に同じ。

＊夙《つと》に興《お》き夜《よわ》に寐《い》ね…夙興夜寐《しゅくこうやび》は『詩経』の小雅、小宛篇の句。朝早くから夜遅くまで努力すること。

＊朝に益し暮に習ふ…益は、普通、請益《シンエキ》という熟語の意。師の解説を不十分として、更に教えを請うこと。習は、実習の意で、聞いたことを実行によって会得すること。

＊小心翼翼…翼翼は、つつしむさま。小心は、細心、注意深くの意。

孔子《こうし》曰《いは》く、弟子《ていし》入《い》つては則《すなは》ち孝《かう》、出《い》でては則《すなは》ち弟《てい》、謹《つつし》んで信《しん》あり、汎《ひろ》く衆《しゅう》を愛《あい》し仁《じん》に親《ちか》づき、行《おこな》ひ餘《よ》力《りょく》有《あ》れば、則《すなは》ち以《もつ》て文《ぶん》を學《まな》ぶ。

〔大意〕
孔子言う。世の子弟たるものは、家庭内にあっては、父母に子供として孝行し、世間に出ては、目上の人びとにおとなしく素直にふるまい、何事にも慎しみ深く、言葉に信実があるようにし、別け隔てなく、広く人を愛すべきだが、特に仁徳の人に近づき親しんで自分の言行を反省するようにせよ。このように実行しても、まだ余力余暇があれば、『書経』や『詩経』などを学習して教養を高めるのがよかろう。

＊出典…『論語』学而篇による。

＊文を学ぶ…文は、経書を指す。朱子は、六芸に関する文献の意味に解している。

一　詩《し》に興《おこ》り、禮《れい》に立《た》ち、樂《がく》に成《な》る。

〔大意〕
学問の基礎は、まず、『詩経』を読むことであり、次には、礼を実践して自分の生活を規制し、更に楽によって、善美を統一した心の和に達することである。

＊詩に興り…『詩経』三百篇の詩は、人の性情の発露したもので、読む人の心を動かさずにはいない。これを読むことで、心を奮い起こすことが、まず、学問の基礎になる。
＊礼に立ち…礼は、聖王の定めた生活の規範であるから、これによって自分の生活を規制し、自己を確立する。
＊楽に成る…楽によって、詩に興り礼に立った人の心は、初めて人我の対立を超えた善美の統一、和にいることで完成する。

子夏曰《しかいは》く、賢《けん》を賢《けん》とし色《いろ》に易《か》へ、父母《ふぼ》に事《つか》へて、能《よ》く其《そ》の力《ちから》を竭《つく》し、君《きみ》に事《つか》へて能《よ》く其《そ》の身《み》を致《いた》し、朋《ほう》友《いう》と交《まじ》はり、言《い》ふて信《しん》有《あ》らば、未《いま》だ學《まな》ばずと曰《い》ふと雖《いへど》も、吾《われ》は必《かなら》ず之《これ》を學《まな》びたりと謂《い》はん。

〔大意〕
子夏言う。賢や善を重んじて、情欲を軽んじ、父母には、全力を尽くして孝養に努め、主君には、一身を捧げて仕え、朋友と交わるに信義を重んじる、このようなことができる人であれば、まだ学問をしていない人だといっても、私は、既に学問してしまった人だと評価するのである。

＊子夏…孔子の弟子。『論語』先進篇に、「文学には子游・子夏」とあるように、古典・経学の学問に優れていた。この文章は、学而篇にある子夏の言葉である。

＊賢を賢とし色に易え…この語は難解とされ異説が多いが、賢・善の人物を重んじ、女色を軽ん

ずるとする説が判り易い。

＊学問は、認識よりも実践を重視する条《くだ》りとしてここに取りあげられている。

明倫第二

○内篇の第二は、人倫を明らかにする内容が集められている。

禮記《らいき》に曰《いは》く、孝子《かうし》の深愛《しんあい》有《あ》る者《もの》は、必《かなら》ず和氣《わき》有《あ》り。和氣《わき》有《あ》る者《もの》は、必《かなら》ず愉色《ゆしよく》有《あ》り。愉色《ゆしよく》有《あ》る者《もの》は、必《かなら》ず婉容《ゑんよう》有《あ》り。孝子《かうし》は玉《ぎよく》を執《と》るが如《ごと》く、盈《みてる》を奉《ささ》ぐるが如《ごと》し。洞洞《とうとう》屬屬《しよくしよく》然《ぜん》として勝《た》へざるが如《ごと》く、将《まさ》に之《これ》を失《うしな》はんとするが如《ごと》し。嚴威《げんゐ》儼恪《げんかく》は、親《おや》に事《つか》ふる所以《ゆゑん》に非《あら》ざるなり。

〔大意〕
『礼記』に言う。父母を深く愛する孝子は、父母に対して必ず和気がある。この和気は自然に和らいだ顔色となり、やさしい形容となって現われずにはいない。孝子の父母に対する気持は、ちょうど、あの玉を捧持したり、一杯に盛った器を捧げたりして、取り落すまい、こぼすまいと、一心不乱になっているときのようである。容貌を厳粛にし、形式を整え、慎んで相対するのは、成人どうしの作法であり、父母に仕える孝子の態度ではない。

＊愉色…色は顔色。愉とは、顔色の和らぐさま。
＊婉容…婉は、やさしくおとなしい意。容はすがた、容姿。
＊洞洞属属…厳敬のさま。専一のさま。
＊厳威儼恪…厳は厳粛、威は威重、儼は儼正、恪は恭敬の四つの容貌。

一　孔子《こうし》曰《いは》く、父母《ふぼ》在《いま》す。遠《とほ》く遊《あそ》ばず。遊《あそ》ぶ必《かなら》ず方《はう》有《あ》り。

〔大意〕

孔子言う。父母の存命中は、遠方に旅しない方がよい。やむを得ず遠方へ行く場合は、必ず自分の行く先をはっきりさせておかなければならない。

＊遊…外出旅行の意。一説に遊学の意。
＊方…行く先をはっきり明示しておくこと。
＊『論語』里仁篇の語。親に心配をかけないのが孝の心構えであると説く。

曲禮《きよくらい》に曰《いは》く、父召《ちちめ》す。諾《だく》する無《な》く、先生召《せんせいめ》す、諾《だく》する無《な》し。唯《ゐ》して起《た》つ。

〔大意〕

『礼記』の曲礼篇にいう。父と先生とが呼んだときは、直ちに「唯」（はい）と答えて座を立たなければならない。ぐずぐずして「諾」と応じてはならない。

＊諾と唯…どちらも、呼ばれたときの応答のし方であるが、諾には、内容を聞いた上で考えてから返事をするという気持があるが、唯は、否応なく即座に応ずる語である。父と師とを重んじて即答するのが礼である。

曾子《そうし》曰《いは》く、孝子《かうし》の老《らう》を養《やしな》ふや、其《そ》の心《こころ》を樂《たの》しましめ、其《そ》の志《こころざし》に違《たが》はず。其《そ》の耳目《じもく》を樂《たの》しましめ、其《そ》の寢處《しんじよ》を安《やす》んじ、其《そ》の飲食《いんし》を以《もつ》て之《これ》を忠養《ちゆうやう》す。是《こ》の故《ゆゑ》に父母《ふぼ》の愛《あい》する所《ところ》は、亦之《またこれ》を愛《あい》し、父母《ふぼ》の敬《けい》する所《ところ》は、亦之《またこれ》を敬《けい》す。犬馬《けんば》に至《いた》るまで、盡《ことごと》く然《しか》り、而《しか》るを況《いは》んや人《ひと》に於《おい》てをや。

〔大意〕

曽子言う。孝子は、老父母に孝養を尽くすには、父母の心を楽しませ、父母の志に違わず、その耳目を楽しませ、その寝処を安らかにし、父母の好物とする飲み物食べ物をもってするなど、心を尽くす。そのため、父母の愛するもの、敬うものは、自分も愛敬せざるを得ない。このことは、父母の飼育する犬馬についてまでもいえることである。ましてや、父母の愛敬する人への愛敬はいうまでもないことである。

＊『礼記』の内則篇の文。『論語』為政篇にも同趣旨の語が見える。

＊忠養…心をこめて孝養すること。この文では、父母への孝養は、父母の心を以て心とし、自己の私意をさしはさまないことを説いている。

曾子《そうし》曰《いは》く、父母《ふぼ》之《これ》を愛《あい》す。喜《よろこ》んで忘《わす》れず。父母《ふぼ》之《これ》を悪《にく》む。懼《おそ》れて怨《うら》むる無《な》し。父母《ふぼ》過《あやまち》有《あ》らば、諫《いさ》めて逆《たが》はず。

〔大意〕
曽子言う。父母が自分を愛してくれたことは、喜ばしいことでいつも忘れることはない。父母に憎まれたときには、どうして憎まれたのか深く反省して、父母を怨む気持など持たない。父母に過ちがあって諫めなければならないときには、ていねいに、その気持に逆らわないように諫めるものだ。

＊曽子曰く…『礼記』の祭義篇と『大戴礼』の曽子大孝篇に見えることば、曽子は『孝経』の編者ともいわれ、孝養を代表する人物として知られる。
＊懼れて怨むる無し…懼は、恐懼戒慎《きょうくかいしん》の意。怨むる無しは、父母をとがめる心のないの意。

孔子《こうし》曰《いは》く、父《ちち》在《いま》す。其《そ》の志《こころざし》を観《み》る。父《ちち》没《ぼっ》す。其《そ》の行《おこなひ》を観《み》る。三年《さんねん》父《ちち》の道《みち》に改《あらた》むる無《な》き、孝《かう》と謂《い》ふ可《べ》し。

〔大意〕
孔子言う。父の存命中は、子は、父の命を奉じて事を行い、自分勝手に物事を処理し得ないのであるから、その子が真に親孝行であるかどうかは、その行いを見ただけではわからない。いかなる志を抱いているかという、その志の存するところを観察しなければならない。これに対して、父親が亡くなれば、子は、何事も自分の思うままにすることが出来るから、その行いを観察すれば、その子が真に親孝行であるかないか判断できる。このようにして人を観た場合に、もしその人が親の喪中の三年間、依然として亡き父のやり方を守って、諸事をとり行ってゆくようであれば、その人こそ真に親孝行の人といえよう。

＊その志・その行…共に子の志、子の行いと見る解釈と第三者が、ある人物の人となりを観察する解釈とがある。ここでは、前者に依って解釈した。

一

孔子《こうし》曾子《そうし》に謂《い》って曰《いは》く、身體髮膚《しんたいはつぷ》、之《これ》を父母《ふぼ》に受《う》く。

敢《あへ》て毀傷《きしやう》せざるは、孝《かう》の始《はじめ》なり。身《み》を立《た》て道《みち》を行《おこな》ひ、名《な》を後世《こうせい》に揚《あ》げ、以《もつ》て父母《ふぼ》を顯《あら》はすは、孝《かう》の終《をはり》なり。夫《そ》れ孝《かう》は、親《おや》に事《つか》ふるに始《はじ》まり、君《きみ》に事《つか》ふるに中《なか》ばし、身《み》を立《た》つるに終《をは》る。

親《おや》を愛《あい》する者《もの》は敢《あへ》て人《ひと》を悪《にく》まず。親《おや》を敬《けい》する者《もの》は敢《あへ》て人《ひと》を慢《あなど》らず。愛敬《あいけい》親《おや》に事《つか》ふるに盡《つく》して、徳敎《とくけう》百《ひやく》姓《せい》に加《くは》はり、四海《しかい》に刑《のつと》らる。此《こ》れ天子《てんし》の孝《かう》なり。

上《かみ》に在《あ》つて驕《おご》らざれば、高《たか》うして危《あやふ》からず。節《せつ》を制《せい》し度《ど》を謹《つつし》み、満《み》ちて溢《あふ》れず。然《しか》る後《のち》に能《よ》く其《そ》の社《しや》稷《しよく》を保《たも》ち、其《そ》の民人《みんじん》を和《やはら》ぐ。此《こ》れ諸侯《しよこう》の孝《かう》なり。

先《せん》王《わう》の法《はふ》服《ふく》に非《あら》ずんば、敢《あへ》て服《ふく》せず。先《せん》王《わう》の法《はふ》言《げん》に非《あら》ずんば、敢《あへ》て道《い》はず。先《せん》王《わう》の徳《とく》行《かう》に非《あら》ずんば、敢《あへ》て行《おこな》はず。然《しか》る後《のち》に能《よ》く其《そ》の宗《そう》廟《べう》を保《たも》つ。此《こ》れ卿《けい》大《たい》夫《ふ》の孝《かう》なり。

孝《かう》を以《もつ》て君《きみ》に事《つか》ふれば則《すなは》ち忠《ちゆう》。敬《けい》を以《もつ》て長《ちやう》に事《つか》ふれば則《すなは》ち順《じゆん》。忠《ちゆう》順《じゆん》失《うしな》はず、以《もつ》て其《そ》の上《かみ》に事《つか》ふ。然《しか》る後《のち》に能《よ》く其《そ》の祭《さい》祀《し》を守《まも》る。此《こ》れ士《し》の孝《かう》なり。

天《てん》の道《みち》を用《もち》ひ、地《ち》の利《り》に因《よ》り、身《み》を謹《つつし》み用《よう》を節《せつ》し、以《もつ》て父《ふ》母《ぼ》を養《やしな》ふ。此《こ》れ庶《しよ》人《じん》の孝《かう》なり。

故《ゆゑ》に天《てん》子《し》より庶《しよ》人《じん》に至《いた》るまで、孝《かう》に終《しゆう》始《し》無《な》うして、

一　患《わざはひ》及《およ》ばざる者《もの》は、未《いま》だ之《こ》れ有《あ》らざるなり。

〔大意〕

孔子、曽子に言う。この身体から毛髪・皮膚まで皆、父母から受け継いだものである。用心して善く守って軽々しくいため傷つけないように心がけるべきである。それが孝行の始めというものである。

人として立派に成長し正しい道を実践し、名を後世までも語り継がれるように高く掲げ、それによって父母の名を世間に光り輝かせるのが、孝行の完成というものである。

いったい、孝というものは、親に真心をもって仕えることに始まり、君に仕えて国家のために忠心を尽くすことで、その内容を発展させ、更に人格の完成によって成し遂げられるものである。

親を愛する者は、その心をもって、どんな場合でも強いて人を憎むようなことはしない。同様に、その親を敬する者は、親を敬する心をもって、どんな場合でも強いて人を慢《あなど》るようなことはしない。こうして愛と敬との心が親に仕える際に出し尽くされると、そのことによって、道徳的教化が次第に広く万民に行きわたり、四方の国々までもあまねくこれに則り倣うようになる。それが、いわば、天子たる者の孝行というものである。

また孔子言う。（諸侯のような）高い地位にあっても、心驕《おご》り人に対して不遜であったり、人を慢ることがなければ、その高い地位も安泰である。節度を守って財用に当り限度を弁《わきま》え慎しみを守るようにしていけば、常に満ち足りて、あふれ出る心配はない。そのようにしてこそ、（天子から賜った）国家を安泰に保ち、領内の人民を平和に治め、おのおの所を得させる。それが諸侯たる者の孝行というものであろう。

開国の先聖が制定した礼法にかなった衣服でなければ、決して身にまとわない。また、古の先聖が制定した礼法にかなった言葉でなければ、決して言わない。更に古の先聖が制定した道徳にかなった行いでなければ、決して行わない。この服・言・行の三つが完全に身に備わって初めて、主君から頂いた俸禄や地位を無事に保つことができ、先祖の霊を祀ってある宗廟（みたまや）を末長く守ることができる。これが、卿・大夫（上級官僚）たる者の孝行というものであろう。

親に事《つか》えての孝をそのまま移し換えて君に事《つか》えるならば、君に対しての忠となり、弟として兄に事える弟をそのまま移し換えて長上（目上の者）に事えるならば、長上に対して従順となる。この忠と順との心を失わないように心がけて、それでこそ目上の人に事えることができる。そうすることによって初めて、上から賜わった爵位や俸禄を保って先祖の祭祀を子孫に及んで絶やすことなく守り続けられる。そうしてこそ、士の孝行というものであろう。

天の生ずる時、つまり春夏秋冬の四時を得て、自然の法則に順い農耕に励み、天に応ずる地味の宜しきに従い、穀物の栽培に工夫して地の利を活かすようにすること、そして自然の恩恵によって生計が裕福になったならば、身の振る舞いを慎しみ、財用をできるだけ節約して、父母に孝養を尽すことを怠らないこと。これが庶民の孝行というものである、と。

だから、上は天子より下は庶人に至るまで、孝の精神に変わりはない。その孝道の始めと、孝道の終わりとを全うすることができなくて、それでいて患禍の身に及ばないものは、古えより今に至るまで、人の世において、いまだかつてありえないことである、と。

＊孔子曽子に謂って曰く…この一節は、全文『孝経』からの引用である。『孝経』は、孔子が曽子（名は参《しん》、字は子輿《しょ》、孔子の弟子）に孝について語るという体裁になっているのでこのように記された。

＊身体髪膚…身は身体、体は四肢、つまり両手両足。髪は毛髪。膚は皮膚。その五体そろっている大事なこの体という意味。

＊毀傷…毀は、衰弱し、瘠《や》せることをいう。傷はけが。

＊孝の始め…始は発端。

＊孝の終り…終は完成。

＊刑《のっと》らる…典型・法則となること。規範となること。

＊社稷《しゃしょく》…社は土地の神、稷は穀物の神。社稷を祭ることは国君の特権とされるので、社稷は国家の象徴となる。

＊先王…開国の王者で先聖ともいわれる。国の法度は一切この先王・先聖によって定められたことになっており、これに準拠して行うことが、正しい判断とされる。

＊法服・法言…法度にかなった服・ことば。

＊宗廟《そうびょう》…祖宗の霊を祀っておくみたまや。宗廟は家の象徴で、「宗廟を保つ」とは、大夫の家を

保つということである。
＊祭祀《さいし》…父祖の祭祀をさす。大夫の宗廟が、士の祭祀に当る。

孟子《まうし》曰《いは》く、世俗《せぞく》の所謂《いはゆる》不孝《ふかう》なる者《もの》五《ご》あり。其《そ》の四支《しし》を惰《おこた》り、父母《ふぼ》の養《やう》を顧《かへり》みざる、一《いつ》の不孝《ふかう》なり。博弈《はくえき》し酒《さけ》を飲《の》むを好《この》んで、父母《ふぼ》の養《やう》を顧《かへり》みざる、二《に》の不《ふ》孝《かう》なり。貨財《くわざい》を好《この》み、妻子《さいし》に私《し》し、父母《ふぼ》の養《やう》を顧《かへり》みざる、三《さん》の不孝《ふかう》なり。耳目《じもく》の欲《よく》を従《ほしいまま》にし、以《もつ》て父《ふ》母《ぼ》の戮《りく》を爲《な》す、四《し》の不孝《ふかう》なり。勇《ゆう》を好《この》み鬬狠《とうこん》し、以《もつ》て父母《ふぼ》を危《あやふ》うす、五《ご》の不孝《ふかう》なり。

〔大意〕
孟子言う。世間で不孝といっている者に五つある。第一に、労働を嫌って貧乏し、いっこう父母の孝養をかまおうとしないもの。第二に、勝負事やばくちにふけり、酒ばかり飲んで、父母の孝養を顧みないもの。第三に、財貨が好きで貯蓄していながら、妻子だけ可愛がるが、父母の孝養を顧みないもの。第四に、自分の目や耳の欲望ばかりをほしいままにして、その結果、罪に陥り、父母まで恥辱を受けるようにするもの。第五に、喧嘩好きで、自分が危害に遭うばかりか、父母の身にまでも危険を及ぼすもの。この五つを不孝者というのである。


*四支…支は肢と同じ。手足。「四支を惰る」とは労働を怠ること。

*博弈《ばくえき》…博はすごろく、弈は囲棋。勝負を争う遊戯のこと。賭博《とばく》のこと。

*戮《りく》…羞辱《しゅうじょく》の意。欲をほしいままにした結果身をもちくずしたり、不良の行為をして、父母の恥辱になること。

*鬭狠《とうこん》…喧嘩をしたり、あばれたりすること。

一　曾子《そうし》曰《いは》く、身《み》は父母《ふぼ》の遺體《ゐたい》なり。父母《ふぼ》の遺體《ゐたい》を行《おこな》ふ、敢《あへ》て敬《けい》せざらんや。居處《きよしよ》莊《さう》ならざる、孝《かう》に非《あら》ざるなり。君《きみ》に事《つか》へて忠《ちゆう》ならざる、孝《かう》に非《あら》ざるなり。官《くわん》に莅《のぞ》みて敬《けい》せざる、孝《かう》に非《あら》ざるなり。朋友《ほういう》に信《しん》ならざる、孝《かう》に非《あら》ざるなり。戰陳《せんぢん》に勇《ゆう》無《な》き、孝《かう》に非《あら》ざるなり。五者《ごしや》遂《な》らずんば、烖《わざはひ》其《そ》の親《しん》に及《およ》ぶ。敢《あへ》て敬《けい》せざらんや。

〔大意〕

曽子言う。自分の身体は、いわば父母の遺体であり、すべて父母から受け継いだもので、父母は現に自己の内にいますのだ。この自己を粗末にしてよかろうか。平生家に居っての行動が荘重でないのは、不孝である。君に事えて不忠なのは、不孝である。官僚として謹慎を欠くのは、不孝である。朋友との交わりに信あるを得ないのは、不孝である。君国のために奮戦すべき時に勇気を欠くのは、不孝である。この五つを行なわず、この五つの不孝を犯すときは、災患は必ずこの身に及ぶのである。この自己を粗末にしてなろうか。

＊行ふ…一般に、奉行の意味とし、「うけて」と訓ずるが、行動行為の意であろう。自己が父母の遺体であるので、自己の行動がすなわち父母の行動となる。
＊居處…平生の立ち居ふるまい。すなわち一般的行動を居処の二字で表わす。特に家にいるときについていう。
＊遂…成ると同じ。
＊烖…災と同じ。
＊『孝経』の最後にこの文が引かれているのは、これが孝説の結論であるのを示している。孝説は自己の外なる父母への敬礼に始まり、自己にむける父母への敬礼に終っている。

孔子《こうし》曰《いは》く、君子《くんし》の君《きみ》に事《つか》ふる、進《すす》んでは忠《ちゆう》を盡《つく》さんを思《おも》ひ、退《しりぞ》いては過《あやまち》を補《おぎな》はんを思《おも》ふ。其《そ》の美《び》に將《う》

け順《したが》ひ、其《そ》の悪《あく》を匡《ただ》し救《すく》ふ。故《ゆゑ》に上下《しやうか》能《よ》く相親《あひした》しむ。

〔大意〕

『孝経』に孔子の言として、次のように言う。有徳の君子が、君に事えるに当っては、自分から進んで君のために忠というまごころを心のこりなく尽くそうと思い、君の前からひきさがったときには、何とかして君の過ちをかばい補おうと心に思う。君に善いところがあれば、これを助けて順うようにし、善くないところがあれば、これを正し救うように心がける。そのようにしてこそ、君と臣との間に相互の親しみが湧いてくるのである。

＊孔子曰…『孝経』の事君章にある文。
＊君子…君子には、在位の君子と有徳の君子とがあるが、ここは後者の意。
＊進んでは忠を尽くす…進とは、臣下が君主の前に進んで出向くこと。忠は、まごころ。
＊退いては過を補う…退とは、君前からまた元の自分の所にひきさがるという意。過はひきさが

って思うのである。
＊将順…すすめ助ける意。またすすみ従う意。
＊匡救…君に欠点があるときは、これを正し救う意。
＊上下…君臣の意。

君《きみ》、臣《しん》を使《つか》ふに禮《れい》を以《もっ》てし、臣《しん》、君《きみ》に事《つか》ふるに忠《ちゅう》を以《もっ》てす。

〔大意〕
孔子言う。人君が臣家を使うには礼を以てすべく、人臣が主君につかえるにはまごころを以てすべきである。

＊「孔子曰く」が付いていない…前節の「孔子曰」をうけているからである。『論語』八佾篇の魯の定公の問いに対する孔子の語。
＊礼・忠…礼は礼儀、礼節。忠はまごころを尽くすこと。君主の臣下に対する恩愛と臣下の君主

に対する献身的な心づかいとが、君臣契合の基礎であり、礼と忠とがその象徴である。

曾子《そうし》曰《いは》く、君子《くんし》は文《ぶん》を以《もっ》て友《とも》を會《くわい》し、友《とも》を以《もっ》て仁《じん》を輔《たす》く。

〔大意〕
曽子言う。道に志す君子は、文すなわち詩書礼楽の学問を以て友を集め、その集まった友によって仁道を行う助けとするものである。

＊曽子…孔子の門人、名は参《しん》。
＊文…ここでは、詩書礼楽のこと。
＊友…志を同じくする者を友といい、親・師を同じくする者を朋という。朋友のこと。
＊『論語』顔淵篇の語…共に助けて君子たるに役立つ友人の要件を説く。

子貢《しこう》友《とも》を問《と》ふ。孔子《こうし》曰《いは》く、忠告《ちゅうこく》して、之《これ》を善《よ》く道《みちび》く。不可《ふか》なれば則《すなは》ち止《や》む。自《みづか》ら辱《はづか》しむる毋《な》かれ、と。

〔大意〕
子貢が朋友の道を質問した。これに対して孔子言う。友達同志の間では、心に思うことをそのまま偽りなく告げて、相手を善い方に導いていく。これが常道であるが、もし不幸にして相手の友人が頑迷で、こちらの言うことを聞いてくれない場合は、仕方ないので忠告善導の努力をやめるがよい。到底導き得ないような時、繰り返し忠告したりすると、相手の嘲《あざけ》りや罵《ののし》りを受けるかして、かえってみずから恥辱を招くことが多いが、そのようなことのないようにせねばならない。

＊子貢…孔子の門人、名は賜《し》。学問に秀でていた。
＊忠告…まごころから告げる。
＊善道…道は導で、うまく話をしてこれを導くこと。
＊自ら辱しむ…忠告善導には限度があり、この限度を忘れると、自分で自己を辱しめることにな

ってしまう。

益《えき》する者《もの》三友《さんいう》、損《そん》する者《もの》三友《さんいう》。直《ちよく》を友《とも》とし、諒《りやう》を友《とも》とし、多聞《たぶん》を友《とも》とすれば、益《えき》す。便辟《べんへき》を友《とも》とし、善《ぜん》柔《じう》を友《とも》とし、便佞《べんねい》を友《とも》とすれば、損《そん》す。

〔大意〕

孔子言う。交わって益を得る三種類の友があり、交わって損を受ける三種類の友がある。直言して隠すことをしない者を友とすれば、己の過ちを聞くことができる。誠実にして表裏のない者を友とすれば、己もその影響で誠へ進む。博学多識を友とすれば、己の知識が広まる。この三者は有益な友である。

体裁を飾って率直でない者を友とすれば、己の過ちを聞くことができない。表面だけを善くして誠実でない者を友とすれば、己の誠を失うに至る。口先が上手で、実意の無い者を友とすると、己を進歩させられない。この三者を友にすれば損になるのである。

＊直…正直。直言して憚《はばか》らない。

＊諒…信実で欺かない、表裏のないこと。

＊多聞…博く古今に通じた博学。

＊便辟…便は人の欲する所に従うこと。辟は人の嫌うことを避ける意で、物なれた態度で人の意を迎え、人にこびへつらう者。

＊便佞…口先ばかり達者で心に誠実さのない者。

＊善柔…人ざわりがやわらかで誠実さのない者。

孟子《まうし》曰《いは》く、長《ちやう》を挾《さしはさ》まず、貴《き》を挾《さしはさ》まず、兄弟《けいてい》を挾《さしはさ》まずして友《とも》とす。友《とも》なる者は其《そ》の徳《とく》を友《とも》とするなり。以《もつ》て挾《さしはさ》む有《あ》る可《べ》からず。

〔大意〕
孟子答えて言う。自分が年長者であることを、得意にしてはならないし、自分の身分のいいことをたのんで自慢してはならないし、兄弟のよいのを持出して自慢してはならない。友というものは、その人の心の徳を友とするのであって、そこに何か恃《たの》みとしたり、誇るところがはいって来てはならないのである。

＊孟子答えて…弟子の万章の友と交わる道についての質問に答えたのである。
＊挟む…わがものとし、これをたのみにすること。いわゆる「鼻にかけること」。

曲禮《きよくらい》に曰《いは》く、君子《くんし》は人《ひと》の歡《くわん》を盡《つく》さず。人《ひと》の忠《ちゆう》を竭《つく》さず。以《もつ》て交《まじはり》を全《まつた》くす。

〔大意〕
『礼記』曲礼篇に言う。有徳の君子は、相手の人の自分に対する歓待や配慮を十二分に受け尽くすことはしない。それが交際を長つづきさせ全うする所以《ゆえん》である。

＊忠…まごころからの配慮。

天子《てんし》に争臣七人《さうしんしちにん》有《あ》り。無道《むだう》と雖《いへど》も、其《そ》の天下《てんか》を失《うしな》はず。諸侯《しよこう》に争臣五人《さうしんごにん》有《あ》り。無道《むだう》と雖《いへど》も、其《そ》の國《くに》を失《うしな》はず。大夫《たいふ》に争臣三人《さうしんさんにん》有《あ》り。無道《むだう》と雖《いへど》も、其《そ》の家《いへ》を失《うしな》はず。士《し》に争友《さういう》有《あ》れば、則《すなは》ち身《み》令名《れいめい》を離《はな》れず。父《ちち》に争子《さうし》有《あ》れば、則《すなは》ち身《み》不義《ふぎ》に陷《おちい》らず。故《ゆゑ》に、不義《ふぎ》に當《あた》らば、則《すなは》ち子《こ》は以《もつ》て父《ちち》に争《あらそ》はざる可《べ》からず、臣《しん》は以《もつ》て君《きみ》に争《あらそ》はざる可《べ》からず。

〔大意〕
天子・諸侯・大夫と、それぞれ天下・国・家の主人たちは、無道ではその地位を保てない。無道を諫めてくれる争臣を必要とする。これらの争臣が、君主の無道を抑えて、なんとか有道の君主とするので、その天下・国家が保たれてゆく。士も同じで、賢友を得て失徳を改めれば、令名を失わない。父にも争子があれば、争子は、父を不義から救う。このため、君父の不義を諫めるのは、臣子の義務であり、これをないがしろにして、君父を不義に陥れてはならない。

＊『孝経』諫争章の文章の引用である。
＊争臣…争は諫めること。争臣とは、一般に諫争する臣下のこと。
＊七人・五人・三人・一人…天子から士までの制度を区別するとき、常に用いられた数で、天子は七、諸侯は五、大夫は三、士は一というのが標準。ここではただ規模の大小を示すので、大した意味はない。
＊争友…悪いところがあれば、どこまでも忠告して、善道に立ち返るまで諫めてくれる友人。
＊令名…名声。よいほまれ。
＊不義…正しい道にそむく行為。人として道にはずれた行い。

欒共《らんきよう》子《し》曰《いは》く、民《たみ》は三《さん》に生《い》く。之《これ》に事《つか》ふる一《いつ》の如《ごと》し。父《ちち》之《これ》を生《う》む、師《し》之《これ》を教《をし》ふ、君《きみ》之《これ》を食《やしな》ふ。父《ちち》に非《あら》ずんば生《うま》れず、食《やしなひ》に非《あら》ずんば長《ちやう》ぜず、教《をしへ》に非《あら》ずんば知《し》らず、生《せい》の族《ぞく》なり。故《ゆゑ》に一《いつ》に之《これ》に事《つか》ふ。唯《ただ》其《そ》の在《あ》る所《ところ》は、則《すなは》ち死《し》を致《いた》す。生《せい》に報《ほう》するに死《し》を以《もつ》てし、賜《し》に報《ほう》するに力《ちから》を以《もつ》てす。人《ひと》の道《みち》なり。

〔大意〕

欒共子言う。凡《およ》そ人間たるものは、三つのものから、生命を与えられている。それは、父・君・師の三者で、この三者につかえる態度は同じでなければならない。父は自分を生んでくれたもの、師は自分を教えてくれるもの、君は、国君として自分の生活を保障してくれるものである。人間は、この生・食・教の三つがなくては、生存ができないから、この三者は、同じく生命の親である。したがってこの三者につかえる態度は同一で、君・父・師の所にあっては、それぞれ君・父・師のために生命をささげなければならない。生命を与えてくれるものには生命をささげ、恩恵を与えてくれるものには力をささげて報いるのが人としての道である。

＊『国語』の晋語に見える文からの引用。
＊欒共子《らんきょうし》…姓は欒、名は成、共子は諡《おくりな》、晋の哀侯の大夫。
＊民…凡そ人間たるものの意。君主を除いた国民全部をさす。
＊生ず…生は生命を与えられること。
＊父…父母のこと。
＊生の族…族は類と解される。同種類の意。君・父・師の三者は、同じく自己に生を与えるものであるとの意。
＊死を致す…そのために命をすてること。

一　荀子《じゅんし》に曰《いは》く、人《ひと》に三《み》つの不祥《ふしやう》有《あ》り。幼《えう》にして長《ちやう》に事《つか》へ肯《かえ》せず、賤《せん》にして貴《き》に事《つか》へ肯《がえん》ぜず、不肖《ふせう》にして賢《けん》に事《つか》へ肯《がえん》ぜず。是《こ》れ人《ひと》の三《み》つの不祥《ふしやう》なり。

〔大意〕
荀子言う。およそ人間には、三つの不詳な行為がある。年少でありながら年長者につかえようとせず、賤者でありながら貴人につかえようとせず、愚かでありながら賢者につかえようとしない。これが人間の三つの不祥な行為である。

＊荀子…戦国時代末期の儒家、荀悦のこと。荀悦は、孟子の性善説に対して性悪説を主張したことで有名である。法家の韓非子《かんぴし》や秦の始皇帝の宰相の李斯《りし》はその弟子であったといわれる。引用文は、『荀子』非相篇に見える文。
＊不祥…不吉、不幸を招くものの意。
＊肯て~せず…したがらないこと。
＊不肖…不賢の意。肖は似る意、父に似ていない者の意で用いる。

無用《むよう》の辯《べん》、不急《ふきふ》の察《さつ》は、棄《す》てて治《をさ》めず。若《も》し夫《そ》れ君《くん》臣《しん》の義《ぎ》、父子《ふし》の親《しん》、夫婦《ふうふ》の別《べつ》は、則《すなは》ち日《ひ》に切磋《せつさ》して舍《お》かざれ。

〔大意〕
無用の弁（議論）・緊急でない察（観察）などは、いかに達弁・詳察であっても、君子は一切棄て措いて省みない。しかし、事いやしくも君臣の義、父子の親、夫婦の別など、人生必修のことには、絶えず朋友と反省し合い、互に努力し合っていなければならない。

＊『荀子』天論篇からの引用。天論篇では、天変地異などは、自然界の不可抗力の現象で恐れる必要はなく、それに関する「無用の弁」「不急の察」は意味が無いとし、不可欠なのは人間関係の人妖への用心であると強調する。引用文は、その要諦を説く条《くだ》りである。

＊舍…捨と同じ。すておくこと。

＊ここまで、明倫のみが人生緊要のことと心得るのが、学問の本義であると説いてきた。

敬身第三

○内篇の第三は、敬身つまり身をつつしむことを、聖賢の模範を根拠として、少年に教訓する内容が集められている。

曲禮《きよくらい》に曰《いは》く、敬《けい》せざる毋《な》かれ。儼《げん》にし思ふ若《ごと》くし、辭《じ》を安定《あんてい》にす。民《たみ》を安《やす》んぜんかな。敖《おごり》は長《ちやう》ず可《べ》からず。欲《よく》は従《ほしいまま》にす可《べ》からず。志《こころざし》は満《み》たす可《べ》からず。樂《たのしみ》は極《きは》む可《べ》からず。

賢者《けんしゃ》は狎《な》れて而《しか》も之《これ》を敬《けい》し、畏《おそ》れて而《しか》も之《これ》を愛《あい》し、愛《あい》して其《そ》の悪《あし》きを知《し》り、憎《にく》んで其《そ》の善《よき》を知《し》り、積《つ》んで能《よ》く散《さん》じ、安《やす》きに安《やす》んじて而《しか》も能《よ》く遷《うつ》る。財《ざい》に臨《のぞ》んでは苟《いやしく》も得《う》る毋《な》かれ。難《なん》に臨《のぞ》んでは苟《いやしく》も免《まぬが》るる毋《な》かれ。狠《あらそ》つて勝《かつ》を求《もと》むる毋《な》かれ。分《わか》つて多《おほ》きを求《もと》むる毋《な》かれ。疑《うたが》はしき事《こと》は質《な》す毋《な》かれ。直《なほ》うして有《ゆう》する勿《な》かれ。

〔大意〕
『礼記』の曲礼篇に言う。すべてに身をつつしまなければならない。あなた自身の思念をおごそかにし、言葉を静かに明らかにせよ。あなた自身のこのような在り方は、万民を安らかにするだろう。敬こそすべての本である。人の上に在る者は、傲《おご》りの心を生じ易《やす》いが、傲りの心を増長させてはならない。欲望は限りなく起《おこ》ってくるが、欲望をほしいままにしてはならない。志や願いは、満足するまで求めてはならない。楽しみは、極めてはならない。すべて欲望とその充足は、深くつつしまなければならない。

　賢者は、くつろぎうちとけていても、恭敬《きょうけい》の心を失うことなく、畏敬しても、これを敬遠することはない。愛するものにも、その過ちや欠点を認め、憎む者にも、その長所や善い行いを認める。このような広く公平な心は、身をつつしむ所から生じてくる。また賢者は、財貨を積み蓄えても、よく貧者に散じ与え、平安な状態にあっても、それに拘泥《こうでい》し止《とど》まることはない。

　財貨を得るときには、無反省に貪り取ってはならない。君父や朋友の危難の場合に臨んでは、身を以てこれに対処し、逃げ隠れしてはならない。争訟《そうしょう》の事件に際しては、自分だけ勝つことを求めず、財産の分配に当っては、自分ばかり多く取り貪ってはならない。疑わしい場合には、自分で事を決してはならない。また人の過ちや疑問を正してやっても、自分にその聡明さがあるという態度を示してはならない。これらのことは、みな人の上に在る君子のつつしみにほかならない。

＊儼…矜荘つまり、つつしみ深くおごそかの意。
＊安定…いい加減にせず、皆それぞれに筋の通るようにすること。
＊敖…慢、つまりおごりの意。
＊従…縦、つまりほしいままにする意。
＊狎…近づき、なれること。その人に対してたいへんうちとけた態度をとれる関係にあること。
＊畏…権威あるものとして畏敬すること。
＊積みて能く散じ…財貨を蓄積し、それを人に散じ与えること。
＊安きに安んじ…安定の状態に安んじていること。
＊而《しか》も能く遷《うつ》る…現在の安定状態にとらわれずに変化していくことが出来る意。
＊苟も得る・苟も免るる…苟は共に無反省にの意。
＊狠《あらそ》ふ…あらそう。争訟の意。
＊質《な》す…疑わしいことについて決定の言葉を与える意。
＊直うして有する…自分にこの直があるという誇りの態度を示すこと。

言《げん》、忠信《ちゆうしん》、行《おこなひ》、篤敬《とくけい》ならば、蠻貊《ばんはく》の邦《くに》と雖《いへど》も行《おこな》はれん。言《げん》、忠信《ちゆうしん》ならず、行《おこなひ》、篤敬《とくけい》ならずんば、州里《しうり》と雖《いへど》も行《おこな》はれんや。

〔大意〕
言う言葉にまことがあり、行なう行ないが手厚くうやうやしければ、遠方の野蛮国においても必ず行なわれるであろう。これに反して、言う言葉にまことがなく、行ないが手厚くうやうやしくなければ、近くの郷里においてさえ、その道が行なわれるはずはない。

＊言、忠信…忠は言う言葉が口と心と一致していることであり、信とは、一旦言った言葉は決して違えないことである。
＊行、篤敬…篤は、万事手厚くて人情味のあることであり、敬とは、事を行うに慎み深く、なお

ざりにしないことである。
＊蠻貊《ばんはく》の邦《くに》…蛮は南蛮《なんばん》、貊は北狄《ほくてき》の一部。
＊『論語』衛霊公《えいれいこう》篇で、子張が、どのような心がけを以てすれば、わが道が行なわれるであろうかと質問したのに対する孔子の答えの文章である。

君子《くんし》に九思《きうし》有《あ》り。視《し》は明《めい》を思《おも》ひ、聴《てい》は聰《そう》を思《おも》ひ、色《いろ》は温《をん》を思《おも》ひ、貌《ばう》は恭《きよう》を思《おも》ひ、言《げん》は忠《ちゆう》を思《おも》ひ、事《こと》は敬《けい》を思《おも》ひ、疑《うたがひ》には問《もん》を思《おも》ひ、忿《いかり》には難《なん》を思《おも》ひ、得《う》るを見《み》ては義《ぎ》を思《おも》ふ。

〔大意〕
君子には、身の行ないをなすに当り、特に思いをいたして念願することが九つある。一つは、物を見る場合に、誤りなく明らかに見たいと考えることである。二つは、物を聞く場合に、聡《さと》く明瞭に聞き分けたいと念願することである。三つは、自分の顔色容貌は常に温雅であるように心掛けることであり、四つは、自分の態度は常にうやうやしく慎しみのあるように心掛けることである。次いで五つには、自分の言葉は心の誠から出すようにと心掛ける。六つには、事を執り行う場合には、過ちなく執り行なうように心掛ける。七つには、疑問に突き当たった場合には、下問を恥じず、すべての人に尋ね問うように心掛ける。八つには、忿怒《ふんぬ》の情の起こった場合には、一時の怒りのために、後難《こうなん》をいたしはせぬかと、その点に思いをいたす。九つには、利得に直面した場合には、それを得ることが正しい道理にかなっているか否かについて思いをいたすのである。

＊『論語』李氏篇に見える孔子の言葉である。
＊明・聡…あきらか・さとしで、はっきりと本質の見え聞こえること。聡明という熟語もある。
＊色…顔色、表情。
＊貌…容貌、姿容。
＊難…災難。

孔子《こうし》曰《いは》く、君子《くんし》、食《しょく》、飽《あ》くを求《もと》むる無《な》し。居《きょ》、安《やす》きを求《もと》むる無《な》し。事《こと》に敏《びん》にして言《げん》を愼《つつし》み、有道《ゆうだう》に就《つ》いて正《ただ》す。學《がく》を好《この》むと謂《い》ふ可《べ》し。

〔大意〕

孔子言う。学問を志す人で、食事については旨い物を腹一杯食べたいと欲求することもなく、住居については安楽で立派な家にいたいと望むこともない。つまり世俗の生活にはあまり心を労しないで、自分のなすべき事を敏捷《びんしょう》に実行し、言葉をつつしんで軽はずみをいわず、更に徳の修まった先輩について己の過ちを正して行くような人があるならば、この人こそ真に学問を好む人といえよう。

＊『論語』学而篇の文。

＊君子…徳の修まった人、位の上なる人の二つの意味があるが、この文のように学問修養に志ある人という意味もある。

*有道…道を体得している人をいう。

孔子《こうし》曰《いは》く、士《し》、道《みち》に志《こころざ》して、悪衣《あくい》・悪食《あくしょく》を恥《は》づる者《もの》は、未《いま》だ與《とも》に議《ぎ》するに足《た》らざるなり。

〔大意〕

孔子言う。仁義道徳《じんぎどうとく》に志す人で、自分の衣服や食物のみすぼらしいのを、人に対してはずかしいと思うようでは、まだまだ一緒に道を論ずる資格はない。

*士…士は、卿・大夫・士の士で官途《かんと》の最初の者であるが、ここでは、道に志し学に入る初めの人を指していったものであろう。

論語《ろんご》に曰《いは》く、食《し》は精《せい》を厭《いと》はず、膾《くわい》は細《さい》を厭《いと》はず。食《し》の饐《くさ》りて餲《くさ》り、魚《うを》の餒《あさ》れて肉《にく》の敗《やぶ》れたるは食《くら》はず。

色《いろ》の悪《あ》しきは食《くら》はず。臭《にほひ》の悪《あ》しきは食《くら》はず。飪《じん》を失《うしな》へば食《くら》はず。時《とき》ならざるは食《くら》はず。割《さ》く正《ただ》しからざれば食《くら》はず。其《そ》の醬《しやう》を得《え》ざれば食《くら》はず。肉《にく》は多《おほ》しと雖《いへど》も、食氣《じのき》に勝《か》たしめず。唯酒《たださけ》は量《りやう》無《な》きも、亂《らん》に及《およ》ばず。沽《こ》酒《しゆ》・市《し》脯《ほ》は食《くら》はず。薑《はじかみ》を撤《てつ》せずして食《くら》ふ、多食《たしよく》はせず。

〔大意〕

『論語』に言う。御飯は精白《せいはく》したものほどよく、肉や魚などの膾《なます》は、細かく切ってあるものほどよい。御飯の臭いが悪くなり、味の変わったもの、臭いの変わった魚、腐敗した肉は食べない。色のよくないものは食べず、臭いの悪いものは食べない。肉などの刻み方が正しくないと食べず、したじや薬味などの使い方が適当でないと食べない。副食物の肉がいかに多くても、主食の御飯の分量より多くなるようなことはしない。

い。ただ酒には一定の量をきめていないが、自分に適した範囲で飲み、乱に陥《おちい》ることはない。市場で売っている酒や乾肉は飲み食いしない。料理のつまにつけたはじかみ（しょうがや薬味）は、口中をさわやかにするためにも、毒消しのためにも、捨てないで食べた。すべて食事は大食することをしない。

＊饐…飯のすえること。
＊餲…味の変わること。
＊飪《じん》を失う…物の煮方の足りなかったり、煮過ぎたりして、適度でないこと。
＊時ならざる…季節外れの物、時間外れの物。
＊醤…したじ・やくみ。
＊食気…飯の分量。
＊薑《はじかみ》…しょうがのこと。薬味やとり合せにつける。

稽古第四

○内篇の第四は、稽古、つまり自己の行為の規範とすべく、古人のあとをしらべ考究《こうきゅう》するための範例《はんれい》として、それを実践した古人の実在の言行の内容が集められている。

孟軻《まうか》の母《はは》、其《そ》の舎《しや》墓《はか》に近《ちか》し。孟子《まうし》の少《おさな》きや、嬉戯《きぎ》に墓間《ぼかん》の事《こと》を爲《な》し、踊躍築埋《ようやくちくまい》す。孟母《まうぼ》曰《いは》く、此《こ》れ子《こ》を居《お》く所以《ゆゑん》に非《あら》ずと。乃《すなは》ち去《さ》りて市《いち》に舎《いへ》す。其《そ》の嬉戯《きぎ》に賈衒《こげん》を爲《な》す。孟母《まうぼ》曰《いは》く、此《こ》れ子《こ》を居《お》く所以《ゆゑん》に非《あら》ずと。乃《すなは》ち徙《うつ》りて學宮《がくきゆう》の旁《かたはら》に舎《いへ》す。其《そ》の嬉戯《きぎ》に乃《すなは》ち俎豆《そとう》を設《まう》け、揖譲進退《いふじやうしんたい》す。孟母《まうぼ》曰《いは》く、此《こ》れ眞《まこと》に以《もつ》て子《こ》を居《お》く可《べ》しと。逐《つひ》に之《これ》に居《を》る。

〔大意〕
孟軻《もうか》（孟子の名）の母は賢母であった。はじめ墓地の近くに住居があったが、幼い孟子は、毎日ここで踊躍《ようやく》をしたり、墳墓《ふんぼ》を築いたり、死人を埋めたりする葬式のまねをして遊んでいた。母は、これに気付いて、子供の教育上宜しくないと、市場の近くに住居を移した。今度は、孟子は商人を見習って遊ぶので、母はまた、子供を住まわせるにふさわしくないと、今度は、学校の傍に住居を移した。孟子はそこで、師弟が礼儀を習うのを見習い、俎豆《そとう》をならべたり、礼を交わして譲り合い、礼容《れいよう》を以て行動するなどの学校ごっこをして遊ぶようになった。母は、ここここそ子供によい環境であると長くここに住んで移らなかった。

＊出典…『列女伝』、有名な「孟母三遷」の話である。子供の教育に母親が心をつかうことを示すため、賢母の代表として、孟子の母が引かれているのである。孟母の話としては、このほかに「断機《だんき》の教え」がある。織りかけた布を断ち切って、学問を途中で止めることにたとえ、孟子の学問への精進を励ました話である。

＊舎…家、住居。

＊墓間の事…喪祭《そうさい》。

＊踊躍《ようやく》…喪の時、近親や弔問者が行なう、哀痛《あいつう》を示すしぐさ。

＊築埋《ちくまい》…築は墳を築くこと、埋は埋葬。

＊賈衒《こげん》…賈は店にいて売ること。衒は行商である。

＊学営《がくきゅう》…古えの学校。

＊俎豆《そとう》…俎は肉を載せるつくえ、豆は菜を盛るたかつき。俎豆を設けるのは、祭祀・賓客接待の礼儀のまねである。

一　孔子《こうし》曰《いは》く、武王《ぶわう》・周公《しうこう》は、其《そ》れ達孝《たつかう》なるかな。夫《そ》れ孝《かう》とは、善《よ》く人《ひと》の志《こころざし》を繼《つ》ぎ、善《よ》く人《ひと》の事《こと》を述《の》ぶる者《もの》なり。其《そ》の位《くらゐ》を踐《ふ》み、其《そ》の禮《れい》を行《おこな》ひ、其《そ》の樂《がく》を奏《そう》し、其《そ》の尊《たっと》ぶ所《ところ》を敬《うやま》い、其《そ》の親《した》しむ所《ところ》を愛《あい》す。死《し》に事《つか》ふる生《せい》に事《つか》ふるが如《ごと》く、亡《ぼう》に事《つか》ふる存《そん》に事《つか》ふるが如《ごと》くなるは、孝《かう》の至《いたり》なり。

〔大意〕
孔子言う。武王・周公の兄弟は、よく自分の親に孝なる心を推進し、まことに孝のきわみを尽くされたことである。そもそも、真の孝とは、父祖のなそうとした志、基を築いた事業を善く継承して完成することをいうのである。祖先の伝えた位をおとさずに継ぎ、祖先の定めたもろもろの法則を励行し、その音楽を奏して和合も図り、祖先が尊敬した人びとを変わらず尊敬し、祖先が親愛した人びとを変わらず親愛して、人を治め人に接し、また、今は亡き祖先におつかえすること、ひたすらに現に生存している人に対するように誠意をつくすのが、最上の孝である。

＊『中庸』第十九章より引用。原典をかなり省略して要点のみ、ここに掲げてある。

＊武王・周公…武王は殷の紂王《ちゅうおう》を討って周王朝を創始した王。周公は、その弟、名は旦、孔子が夢に見るほど敬慕《けいぼ》した聖人。

＊達孝…達には、二つの解釈がある。一つは天下どこでも通用し、古今いつでも通用する意、もう一つは至上の意である。

＊述…祖述《そじゅつ》、継述《けいじゅつ》、明らかにする。

孟子《まうし》曰《いは》く、曾子《そうし》、曾晳《そうせき》を養《やしな》ふ。必《かなら》ず酒肉《しゆにく》有《あ》り。将《まさ》に徹《てつ》せんとす。必《かなら》ず與《あた》ふる所《ところ》を請《こ》ふ。餘《あまり》有《あ》りやと問《と》はば、必《かなら》ず有《あ》りと曰《と》ふ。曾晳《そうせき》死《し》す。曾元《そうげん》、曾子《そうし》を養《やしな》ふ。必《かなら》ず酒肉《しゆにく》有《あ》り。将《まさ》に徹《てつ》せんとす。與《あた》ふる所《ところ》を請《こ》はず。餘《あまり》有《あ》りやと問《と》はば、亡《な》しと曰《い》ふ。將《まさ》に以《もっ》て復《ま》た進《すす》めんとするなり。此《こ》れ所謂《いはゆる》口體《こうたい》を養《やしな》ふ者《もの》なり。曾子《そうし》の若《ごと》きは、則《すなは》ち志《こころざし》を養《やしな》ふと謂《い》ふ可《べ》し。親《おや》に事《つか》ふる曾子《そうし》の若《ごと》きは可《か》なり。

〔大意〕

孟子言う。昔、曽子がその父曽晳《そうせき》に孝養をつくした時は、食膳に必ず酒と肉を供え、食事がすみ、お膳を下げる時、必ず残りを誰にやりましょうかとたずね、また、父から「まだ余分があるか」と問われれば、たとえなくても「ございます」と答えた。ところが曽晳が亡くなった後、曽子の曽元が曽子に孝養をつくすに当って、食膳には必ず酒と肉とを供えたが、お膳を下げる時に、残りを誰にやりましょうかと問うことがなく、「余分があるか」と問うと「もうございませんが、お望みならもっとつくりましょう」と答えた。こういうのは、いわば口腹の欲を満足させるというものである。曽子のようなのは、精神的に満足させるということができる。親につかえるには、曽子のようにするのがよいのだ。

＊『孟子』離婁上篇の文。親につかえる実例を示して、その重んずるところは、その志を養なうにあることを説いている。

＊徹…撤と同じ。食事がすんで膳をさげることをいう。

曾子《そうし》疾有《しつあ》り、門弟子《もんていし》を召《め》して曰《いは》く、予《よ》が足《あし》を啓《ひら》け、予《よ》が手《て》を啓《ひら》け。詩《し》に云《い》ふ、戦戦《せんせん》兢兢《きようきよう》として、深淵《しんえん》に臨《のぞ》むが如《ごと》く、薄氷《はくひよう》を履《ふ》むが如《ごと》し、と。今《いま》にして後《のち》、吾免《われまぬが》るるを知《し》るかな、小子《せうし》、と。

〔大意〕
曽子が病気危篤の時に、弟子達を呼び集めて言う。夜具を開いて、私の手や足を調べて見てくれ。身体のどこかに傷痕はないか。『詩経』の中に、戦戦兢兢《せんせんきょうきょう》として、深淵に臨むが如く、薄氷《はくひょう》を履《ふ》むが如し（深い谷の断崖《だんがい》に立って落ち込むのをおそれるが如く、薄い氷を渡って割れはしないかと心配するごとく、おののきおそれて身を慎む）とあるように、私は父母から受けたこのからだを傷つけぬように、大切に身を守ってきた。まずまず無疵《むきず》であの世にいけるので、いま初めてわが身を守る責任から開放されて、これで安心できるよ。そう弟子達に呼びかけた。

＊曽子…名は参《しん》、孔子の弟子で孝道のきこえが高かった。一生を大過なく終ることの至難さを告白する曽子の心からの言葉である。
＊啓…開の意、弟子にその衾《ふすま》を開いてこれを見させたのである。
＊詩…『詩経』小雅の小旻《しょうびん》篇。
＊戦戦兢兢…おそれおののき、心をいましめるさま。
＊小子…門弟子を呼ぶときに用いる。

一

子游《しいう》武城《ぶじやう》の宰《さい》と爲《な》る。子曰《しいは》く、女人《なんぢひと》を得《え》たるか、と。

曰《いは》く、澹臺滅明《たんだいめつめい》といふ者有《ものあ》り。行《ゆ》くに徑《こみち》に由《よ》らず、公事《こうじ》に非《あら》ざれば、未《いま》だ嘗《かつ》て偃《えん》の室《しつ》に至《いた》らず、と。

〔大意〕
門人の子游《しゆう》（言偃《げんえん》）が魯《ろ》の武城の長官となった。孔子が「部下にしっかりした人物を得たか」と尋ねると、子游が答えて言うには、「澹台滅明《たんだいめつめい》という者が居ります。この者は公明潔白で、往来を歩くにも近道抜け道をせず、また公用でなければ、決して私の部屋には参りません」と。

＊子游《しゆう》…孔子の弟子。姓は言《げん》、名は偃《えん》、子游は字である。
＊径《こみち》…小路でありまた近道である。人の世に処する場合にも、径に由《よ》る方が早手廻《はやてまわ》しと考えられる場合が少なくないが、しかしこれを辿れば、多くは行きづまりに遭逅する。

一

孔子《こうし》曰《いは》く、敝《やぶ》れたる縕袍《をんはう》を衣《き》て、狐貉《こかく》を衣《き》たる者《もの》と

——立《た》ちて、恥《は》ぢざる者《もの》は、其《そ》れ由《いう》か。

〔大意〕
孔子言う、自分では破れたどてらを着ながら、狐や貉《むじな》の立派な皮衣《かわごろも》を着た貴人と一緒に立ち並んで少しも恥ずかしがることのないのは、子路であろうか（とその志の高いのをたたえた）。

＊敝…やぶれる。
＊縕袍《うんぽう》…綿入れの粗末な上着でどてらの意。賤者の着る物であった。
＊狐貉《こかく》…狐や貉の毛皮で作った上等の上着。貴人の着る物であった。

孔子《こうし》曰《いは》く、賢《けん》なるかな囘《くわい》や。一簞《いったん》の食《し》、一瓢《いっぺう》の飲《いん》、陋巷《ろうかう》に在《あ》り。人《ひと》は其《そ》の憂《うれへ》に堪《た》へず、囘《くわい》や其《そ》の樂《たのしみ》を改《あらた》めず。賢《けん》なるかな囘《くわい》や。

〔大意〕

孔子言う。まことに賢者である、顔回は。一椀の飯に一椀の汁で、裏長屋に住まっている。普通の人ならば、このような貧乏生活に堪え切れないのに、彼は相も変わらず道を楽しんでいる。まことに顔回は賢者である。

*賢なるかな回や…倒置法を用い、この語を繰り返しているのは、感動の大きいことを表わしている。

*一箪《いったん》の食《し》……一椀のめし。箪は竹で編んだ食を盛る器。食は食物をいう時は「シ」と読み、食べるという動作の時は「ショク」と読んで区分して使う。

*一瓢《いっぴょう》の飲《いん》…一椀の汁。瓢はひさごを半分に割った汁入れ。

*陋巷《ろうこう》…狭く曲がった小路を巷といい、広く直な道筋を街という。また狭隘《きょうあい》な住居の意もある。

小學　外篇

嘉言第五

○内篇が漢代以前の古典・人物の言行を記しているのに続き、外篇は漢以後、朱子の同時代の人物の言行を録している。

○嘉言第五は、前述の立教第一、明倫第二、敬身第三の三篇を更におしすすめる内容である。

馬援《ばゑん》が兄《あに》の子《こ》嚴《げん》・敦《とん》、竝《なら》びに譏議《きぎ》を喜《この》みて、輕俠《けいけふ》の客《かく》に通《つう》ず。援交趾《えんかうち》に在《あ》り、書《しよ》を還《かへ》し之《これ》を誡《いまし》めて曰《いは》く、吾汝《われなんぢ》が曹《ともがら》の人《ひと》の過失《くわしつ》を聞《き》くこと、父母《ふぼ》の名《な》を聞《き》くが如《ごと》きを欲《ほっ》す。耳《みみ》には聞《き》くことを得可《うべ》きも、口《くち》には言《い》ふを得可《うべ》からざるなり。好《この》んで人《ひと》の長短《ちやうたん》を議論《ぎろん》し、妄《みだ》りに正法《せいはふ》を是非《ぜひ》するは、此《こ》れ吾《わ》が大《おお》いに悪《にく》む所《ところ》なり。寧《むし》ろ死《し》すとも子孫《しそん》に此《こ》の行《おこなひ》有《あ》るを聞《き》くを願《ねが》はず。

龍伯高《りようはくかう》は敦厚周慎《とんこうしうしん》、口《くち》擇言《たくげん》無《な》く、謙約節倹《けんやくせつけん》、廉公《れんこう》にして威《ゐ》有《あ》り。吾《われ》之《これ》を愛《あい》し之《これ》を重《おも》んず。汝《なんぢ》が曹《ともがら》の之《これ》に效《なら》はんことを願《ねが》ふ。

杜季良《ときりやう》は豪俠《がうけふ》にして義《ぎ》を好《この》み、人《ひと》の憂《うれひ》を憂《うれ》ひ、人《ひと》の樂《たのしみ》を樂《たのし》み、清濁《せいだく》失《うしな》ふ所《ところ》無《な》し。父《ちち》の喪《も》に客《かく》を致《いた》せしに、數郡《すうぐん》畢《ことごと》く至《いた》る。吾之《われこれ》を愛《あい》し之《これ》を重《おも》んず。汝《なんぢ》が曹《ともがら》の效《なら》はんことを願《ねが》はず。

伯高《はくかう》に效《なら》ひて得《え》ざるも、猶《な》ほ謹敕《きんちよく》の士《し》と爲《な》らん。所謂鵠《いはゆるこく》を刻《きざ》んで成《な》らざるも、尚《な》ほ鶩《ぼく》に類《るゐ》する者《もの》なり。季良《きりやう》に效《なら》ひて得《え》ずんば、陷《おちい》りて天下《てんか》の輕薄子《けいはくし》と爲《な》らん。所謂虎《いはゆるとら》を畫《ゑが》きて成《な》らざれば、反《かへ》つて狗《く》に類《るゐ》する者《もの》なり、と。

〔大意〕
伏波将軍馬援《ふくはしょうぐんばえん》の兄の子の馬嚴《げん》と馬敦《とん》の二人は共に、他人の過失を譏《そし》り、他人を論評することを好み、軽薄な侠気《きょうき》たっぷりの人びとと交わり往来した。

馬援は、交趾《こうし》（安南）に遠征中だったが、この二人の甥たちに返事の書状を送り、戒めて言う。自分は、お前たちが他人の過失を口にしないようにしてほしい。他人が父母の名を呼ぶのを聞くのは仕方ないけれども、自分では口にすることができないように、他人の過失を聞いても、決して口にしないようにしてほしい。自分は、他人の長所短所を論評するのを好んだり、軽々しく政治や法令の是非を論ずる事は、大嫌いだ。むしろ死んでも、子孫にそのような行ないが有ると聞くことは決して願わない。

龍伯高は、重々しく慎しみ深く、余計なことは言わず、謙遜で節約しておごらず、清廉・公明で、威風堂々たる人物である。自分は、これを愛し慕い、尊び重んじている。お前たちにも、その人となりを模倣してほしいと願っている。

杜季良《ときりょう》は、豪強で侠気に富み、身を軽んじて、義を重んじ人の為に尽くし、人の憂いをわがことのように憂い、人の楽しみをわがことととして楽しんで、賢・愚を区別せず、ひろく交わりて、皆親しくしている。だから彼が父の喪に客を招いた際には、数郡の人々が皆、来会した。自分は、これを愛し重んじる。けれども、お前たちには、その人となりを模倣してほしいとは願わない。

なぜなら、龍伯高を模倣すれば、模倣し切れなくても、謹しみ深く正しい人にはなれる。昔から「白鳥を彫刻すれば、たとえ失敗しても鴨の形には似る」と言われるように、だいたい似かよったものが出来るだろうが、杜季良の模倣をして、模倣し切れない場合は、天下にかくれなき軽薄者の類いに陥りかねない。いわゆる「虎を画《えが》いて失敗すると、似ても似つかない犬の類いになる」。杜季良を模倣することは、難しく危ない。

＊馬援《ばえん》…字は文淵《ぶんえん》（紀元前一四～四九）。後漢の光武帝《こうぶてい》に心服《しんぷく》して臣となり、功を積んで伏波将軍となり、更に交趾《こうし》（安南）を平らげて新息侯に封《ほう》ぜられた。兄は馬余。平生、「大丈夫まさに馬革を以て屍をつつむべし、安んぞよく児女の手に死せんや」と言っていた通り、湖南の武陵の蛮を討って利あらず、陣中に没した。

＊嚴・敦…馬援の次兄余の長男が嚴、次男が敦である。馬嚴は、後に経学に専心し、『春秋左氏伝《しゅんじゅうさしでん》』に通じていた。嚴の子が、馬融である。

＊書を還す…書簡に返事すること。

＊父母の名…『礼記《らいき》』には、原則として埋葬が済むと、亡父母の名は口にしない定めで、これを諱《いみな》という」と見える。

＊寧《むし》ろ死すとも…大いに悪《にく》む意を示す。これを聞くよりも、むしろ死んだ方がよいの意。
＊龍伯高…伯高は字、名は述。馬援と同時代の人で、零陵太守となった。
＊口に擇言無し…口に言うことが皆良くて、選び捨てねばならぬ言葉は無いの意。
＊杜季良《ときりょう》…季良は字、名は保。やはり、馬援と時代を同じくした。越騎司馬《えつきしば》となった。
＊清濁《せいだく》失う所無し…清は賢、濁は愚を言う。賢愚を区別せず、ひろく交わって皆、親しみを失わなかったの意。

諸葛武侯《しょかつぶこう》の子《こ》を戒《いまし》むる書《しょ》に曰《いは》く、君子《くんし》の行《おこなひ》は、静《せい》以《もっ》て身《み》を脩《をさ》め、倹《けん》以《もっ》て徳《とく》を養《やしな》ふ。澹泊《たんはく》に非《あら》ざれば、以《もっ》て志《こころざし》を明《あきら》かにする無《な》く、寧静《ねいせい》に非《あら》ざれば、以《もっ》て遠《とほ》きを致《いた》す無《な》し。

夫《そ》れ學《がく》は須《すべか》らく静《せい》なるべく、才《さい》は須《すべか》らく學《がく》なるべし。

學《がく》に非《あら》ざれば以《もつ》て才《さい》を廣《ひろ》むる無《な》く、靜《せい》に非《あら》ざれば以《もつ》て學《がく》を成《な》す無《な》し。慆慢《たうまん》なれば則《すなは》ち精《せい》を研《みが》くこと能《あた》はず、險躁《けんさう》なれば則《すなは》ち性《せい》を理《をさ》むること能《あた》はず。年時《としとき》と與《とも》に馳《は》せ、意《い》歳《とし》と與《とも》に去《さ》り、遂《つひ》に枯落《こらく》と成《な》り、窮《きゆう》廬《ろ》に悲歎《ひたん》すとも、將《は》た復《ま》た何《なん》ぞ及《およ》ばん、と。

〔大意〕

諸葛孔明《しょかつこうめい》がその子（瞻《せん》、思遠）を戒めた書簡に言う。「君子の行節は、平静をもって身を修め、倹素《けんそ》をもって己の徳を養うものである。（私欲に）淡薄で倹素でなければ、君子としての（善を求める）志を常に明白に保つことはできないし、心身が平静でなくては、久遠な大事業を達成することはできない。

人は才能が有っても、学問によってその才能を磨き、器量を高め広めなければならない。そして学問を成就するには、平静なことが必須条件である。

もし学問を怠《おこた》り、身心の平静さを欠くならば、理の精粋《せいすい》を究め、性質を研磨することは不可能である。

こうして、何も達成し得ないまま、歳月は学ぶべき時節と共に過ぎ去って、道を求める志意《しい》も歳月と共に衰退し、やがて、草木が枯落《こらく》するように老衰してしまい、貧窮な住居にくすぶって、学ぶときに学ぶことを怠ったことを悔い、悲しみ歎いてみても、もはや何とも、追いつかないことなのだ」と。

＊諸葛武侯《しょかつぶこう》…諸葛は姓、名は亮、字は孔明（一八一～二三四）。早く父と死別し、従父の諸葛玄について荊州《けいしゅう》の牧（湖北省の長官）の劉表の所に行っていたが、その死後、田間に隠棲《いんせい》して耕作し、自ら管仲《かんちゅう》・楽毅《がくき》に比していたが、劉表の所に寄寓《きぐう》していた劉備《りゅうび》の「三顧《さんこ》の礼」に逢って出盧《しゅつろ》した。以来、劉備と苦楽を共にし、蜀漢《しょっかん》を経営して丞相《じょうしょう》となり、劉備に後事を托された。後に武郷侯に封ぜられた。二三四年五丈原で魏の将、司馬懿《しばい》と対陣中病没、年五十四、忠武と諡《おくりな》された。小説『三国志演義』によって一層、著名となった。

＊澹泊《たんぱく》…淡薄、つまり生活が質素（倹）で、さっぱりして欲が少いこと。

＊遠きを致す…遠方まで到達できることの意。遠大な事業を達成し遂げることをいう。原意《げんい》は、

遠きを究めること。

＊愒慢《とうまん》…愒は放肆《ほうし》、慢は怠慢、しまりの無いこと。

＊険躁《けんそう》…険は心がけわしく平静でないこと。躁は、うわついて、そわそわしていること。心が寧静つまり平静でない状態をいう。

＊精《せい》を研《みが》く…精は精緻《せいち》の理、理の精粋。研くは研究すること。

＊性を理《おさ》む…性は、気質の性、すなわち性質の片寄りを本来の性に匡《ただ》し直すこと。理むは、治の意。

＊意…向学の意気。道を求める志の意。

＊窮廬《きゅうろ》…貧窮のいおり（小さな住居）。

＊文意…静と倹とが、君子たる者の志業を成就する根本であり、寧静（寧もしずかの意）は、生活の倹素から得られるとの主旨である。

一

柳玭《りうへん》嘗《かつ》て書《しよ》を著《あら》はし、其《そ》の子弟《してい》を戒《いまし》めて曰《いは》く、名《な》を壊《やぶ》り己《おのれ》に災《わざはひ》し、先《せん》を辱《はづか》しめ家《いへ》を喪《うしな》ふ。其《そ》の失《しつ》尤《もっと》も大《おほ》いなる者《もの》五《ご》。宜《よろ》しく深《ふか》く之《これ》を誌《しる》すべし。其《そ》の一《いつ》は、自《みづか》ら安逸《あんいつ》を求《もと》めて、澹泊《たんはく》に甘《あま》んずること靡《な》く、苟《いやし》くも己《おのれ》に利《り》して、人言《じんげん》を恤《うれ》へず。

其《その》の二《に》は、儒術《じゆじゆつ》を知《し》らず、古道《こだう》を悦《よろこ》ばず、前經《ぜんけい》に憯《くら》うして恥《は》ぢず、當世《たうせい》を論《ろん》じて頤《い》を解《と》き、身《み》既《すで》に知《し》ること寡《すくな》くして、人《ひと》の學《がく》有《あ》るを悪《にく》む。

其《そ》の三《さん》は、己《おのれ》に勝《まさ》る者《もの》は之《これ》を厭《いと》ひ、己《おのれ》に佞《ねい》する者《もの》は之《これ》を悦《よろこ》び、唯戯談《ただぎだん》を樂《たのし》み、古道《こだう》を思《おも》ふこと莫《な》く、人《ひと》の善《ぜん》を聞《き》きては之《これ》を嫉《ねた》み、人《ひと》の惡《あく》を聞《き》きては之《これ》を揚《あ》げ、頗僻《はへき》に浸漬《しんし》し、德義《とくぎ》を銷刻《せうこく》す。簪裾《しんきよ》徒《いたづら》に在《あ》るも、廝養《しやう》と何《なん》ぞ殊《こと》ならん。

其《そ》の四《し》は、優游《いういう》を崇《たつと》び好《この》み、麴蘖《きくげつ》を耽《ふけ》り嗜《たしな》み、杯《はい》を銜《ふく》むを以《もつ》て高致《かうち》と爲《な》し、事《こと》を勤《つと》むるを以《もつ》て俗流《ぞくりう》と爲《な》す。之《これ》に習《なら》へば荒《すさ》み易《やす》く、覺《さ》むれども已《すで》に悔《く》い難《がた》し。

其《そ》の五《ご》は、名宦《めいくわん》に急《きふ》にして、權要《けんえう》に匿《かく》れ近《ちか》づき。一資半級《いつしはんきふ》、或《あるひ》は之《これ》を得《う》と雖《いへど》も、衆怒《しゆういか》り羣猜《ぐんそね》み、存《そん》する者《もの》有《あ》る鮮《すくな》し。

余名門《よめいもん》・右族《いうぞく》を見《み》るに、祖先《そせん》の忠孝《ちゆうかう》・勤倹《きんけん》に由《よ》りて以《もつ》て之《これ》を成立《せいりつ》せざる莫《な》く、子孫《しそん》の頑率《ぐわんそつ》・奢傲《しやがう》に由《よ》りて以《もつ》て之《これ》を覆墜《ふくつゐ》せざる莫《な》し。成立《せいりつ》の難《かた》きは、天《てん》に升《のぼ》るが如《ごと》く、覆墜《ふくつゐ》の易《やす》きは、毛《け》を燎《や》くが如《ごと》し。之《これ》を言《い》へば心《こころ》を痛《いた》ましむ。爾宜《なんぢよろ》しく骨《ほね》に刻《きざ》むべし、と。

〔大意〕
柳玭《りゆうへん》はかつて、家訓を作りその子弟を戒めて言う。一般に、名門の地位にいる者が、その名声をそこない、已れの身に災厄を受け、先祖を辱かしめ、家を亡ぼすことになってしまう最大の過失として、次の五がある。よくよく記憶しておかねばならない。
その第一は、自分の生活の安楽を求めて、質素淡薄な生活に甘んずることができず、自分の利益にさえなれば、他人の非難など気にしないことである。

その第二は、修己治人の学問を身につけず、先人の教えを悦び学ぼうとせず、聖経賢伝に無知なことを恥と思わず、ただ、今の世のことのみ、みだりに論評して面白がっており、自分の無学を棚にあげて、他人に学問があることを憎むことである。

その第三は、自分より勝れた者を嫌い、自分におもねりへつらう者をよろこび、ただ戯《たわむ》れの会話のみに明け暮れして、古の聖賢の教えを学ぼうとせず、他人の善行を聞けば、ねたみ、他人の悪過を聞けば、やたらと言いふらして、偏頗邪僻《へんぱじゃへき》のことに入りびたり、自己の道楽義理を自ら消しつぶしてしまうことである。これでは、士大夫の衣冠を着けているというだけで、薪を採り馬を飼う奴僕《どぼく》の輩と何ら差別もないことになってしまう。

その第四は、ただのどかにゆたかなことを最上とし、酒にふけりたしなんで、酒杯を口にしていることを高士の風とし、仕事に精を出すのは、俗物のすることといやしむことである。これが習慣となってしまうと、生活は荒さみ易く、これに気付いて悟っても、心がすでに荒さんでしまっているので、回復することは難しくなってしまう。

その第五は、高官になりたいとあせって、要路に在る権力者にひそかに親しみ寄ることである。このように権要の者に近づいて、多少の地位・俸禄を得ることができたとしても、必ず、多くの人びとの怒りと猜みを受け、長く依持することはできないものである。

自分は、あまたの名門・名族を見てきたが、みな祖先の忠孝・勤倹によって築きあげられなかったものは無く、子孫の頑鈍《がんどん》・軽率・奢侈《しゃし》・傲慢によって零落《れいらく》しなかったものは無い。名門を築きあげることの難しいことは、まさに天に登るようであり、零落して名声を失墜することの容易さは、羽毛を焼くようなものだ。それらの事例を挙げれば心が痛む。お前達は深く心に記憶せねばならない。

＊柳玭《りゅうへん》…字は直清、唐朝に仕え御史太夫となる。一族は名士揃いの名門であった、その著書を柳氏家訓と名づけた。
＊尤も大いなる…尤は最である。最大の意。
＊誌す…記憶すること。
＊頤《い》を解く…口をあけて大いに笑うこと。
＊頗僻《はへき》…頗は偏頗《へんぱ》、僻は邪僻《じゃへき》。中正でないこと。

＊銷刻《しょうこく》…銷は消と同じ減らすこと。刻は害すること。
＊簪裾《しんきょ》…衣冠、衣冠は士大夫の表徴。
＊廝養《しよう》…廝は薪を採る者、養は飼育する者、奴僕の意。
＊麴糵《きくげつ》…麴類、転じて酒のこと。
＊耽嗜《たんし》…耽は過度に楽しむこと。嗜は、好み嗜《たしな》む意。
＊権要…権力者・枢要《すうよう》な地位に在る者。
＊匿れ近づく…なれなれしく近づくこと。
＊右族…尊貴な宗族。
＊頑率《がんそつ》…頑はおろか、率は率爾《そつじ》でかるいこと。
＊奢傲…奢はおごる、傲はほこること。
＊毛を燎《や》く…『晋書』苻堅伝に、「大軍小城を攻む、何ぞ洪炉の毛羽を燎《や》くに異ならん」と見える。
＊骨に刻《きざ》む…心に銘ずるに同じ、切に記憶して忘れないこと。

胡《こ》文《ぶん》定《てい》公《こう》の子《こ》に與《あた》ふる書《しよ》に曰《いは》く、志《こころざし》を立《た》つる、明《めい》道《だう》・希《き》文《ぶん》を以《もつ》て自《みづか》ら期《き》待《たい》し、心《こころ》を立《た》つる、忠《ちゆう》信《しん》・斯《あざむ》かざるを以《もつ》て主《しゆ》本《ほん》と爲《な》し、己《おのれ》を行《おこな》ふに端《たん》莊《さう》・清《せい》愼《しん》を以《もつ》て操《さう》執《しふ》を見《しめ》し、事《こと》に臨《のぞ》みては明《めい》敏《びん》・果《くわ》斷《だん》を以《もつ》て是《ぜ》非《ひ》を辨《べん》じ、又《また》、三《さん》尺《じやく》を謹《つつし》み、法《はふ》を立《た》つるの意《い》を考《かう》求《きう》して、之《これ》を操《さう》縦《じゆう》す。斯《ここ》に政《まつりごと》を爲《な》す人の後に在《あ》らざる可《べ》し。汝《なんぢ》之《これ》を勉《つと》めよや。心《こころ》を治《をさ》め身《み》を修《をさ》むる、飲《いん》食《しよく》・男《だん》女《ぢよ》を以《もつ》て切《せつ》要《えう》と爲《な》す。古《いにしへ》より聖《せい》賢《けん》、這《こ》の裏《うち》より工《く》夫《ふう》を做《な》す。其《そ》れ忽《ゆるがせ》にす可《べ》けんや。

〔大意〕
胡《こ》文《ぶん》定《てい》公《こう》が子に与えた書簡に言う。志を立てるには、程《てい》明《めい》道《どう》・范《はん》希《き》文《ぶん》のようになろうと自分自身に期待するのがよい（程明道は、十四、五歳の若さで聖人になろうとするほど、自ら任ずることが篤かったし、范希文は、秀才に及第した若き日から、すでに天下をもって己れの任として先憂後楽の志を抱いていた。つまり若くして大志を抱いたからである）。

心を立てるには、忠信・不欺を根幹とするのがよい（忠とは人に対して己れの真心を尽くすこと、信とは言行が一致すること、不欺とは人を欺かないことで、心構えの要諦だからである）。自分の生き方は、端荘《たんそう》・清慎《せいしん》にして、節操のあることを明示するのがよい（端荘とは正大な生き方、清慎とは清潔・謹慎の在り方であり、節操ある人柄を示すものであるからである）。物事に対処するには、明敏・果断にその是非善悪を弁別しなければならない（人として状況判断と決断が肝要だからである）。

更に、法令の施行を慎重にし、立法の真のねらいを考慮し、法令の精神をふまえてこれを操縦するようにすれば、為政者として人後に落ちることはあるまい。お前達には是非とも勉励努力して欲しいところである。

心を治め己れを修めるには、先ずもって身に切実な飲食と男女の欲望、すなわち食欲と色欲の二つに対処することが肝要といえる。昔から聖賢も、その対処から心を治め身を修める実践に工夫努力を重ねていったのであり、決してゆるがせにしてよいことではない。

＊胡文定公《こぶんていこう》…胡安国（一〇七四〜一一三八）、字は康侯、文定は諡《おくりな》。宋代の名臣で大常博士などに任ぜられた。

＊明道《めいどう》…程明道（程顥《ていこう》／一〇三二〜一〇八五）、弟の程伊川（程頤《い》／一〇三三〜一一〇七）と共に北宋の大儒として二程子と尊称された。明道は、若くして聖人たろうと志を立て、自ら任ずる所が極めて篤かったといわれる。

＊希文《きぶん》…范仲淹《はんちゅうえん》、字は希文、諡は文正（九八九〜一〇五二）二歳で父に死別し苦学の後北宋の名臣大儒として参知政事などを歴任した。著名な「岳陽楼記」に見える先憂後楽「天下の憂いに先だちて憂い、天下の楽しみに後れて楽しむ」の志と知られている。

＊主本と為す…主とし、本とすること。家では主人、木では根本になぞらえている。

＊端荘《たんそう》…正大なこと。

＊操執《そうしゅう》を見《しめ》す…見は、表示すること。操執は心の執り守るところ。

＊三尺…「古は三尺の竹簡を以て法律を書す。故に法律を称して三尺と為す」とある。（『漢書』

の注）。

范《はん》文《ぶん》正《せい》公《こう》、参《さん》知《ち》政《せい》事《じ》たりし時《とき》、諸《しょ》子《し》に告《つ》げて曰《いは》く、吾《われ》貧《まず》しき時《とき》、汝《なんぢ》が母《はは》と吾《わ》が親《しん》を養《やしな》ひ、汝《なんぢ》の母《はは》躬《みづか》ら爨《さん》を執《と》り、而《しか》して吾《わ》が親《しん》の甘《かん》旨《し》、未《いま》だ嘗《かつ》て充《み》たざりき。今《いま》にして厚《こう》禄《ろく》を得《え》、以《もっ》て親《しん》を養《やしな》はんと欲《ほっ》して、親《しん》在《いま》さず。汝《なんぢ》が母《はは》亦《また》已《すで》に蚤《そう》世《せい》す。吾《わ》が最《もっと》も恨《うら》む所《ところ》の者《もの》は、忍《しの》んで若《なんぢ》が曹《ともがら》をして富《ふっ》貴《き》の樂《たのしみ》を享《う》けしむるなり。

吾《わ》が呉《ご》中《ちゅう》の宗《そう》族《ぞく》甚《はなは》だ衆《おほ》し。吾《われ》に於《おい》ては固《もと》より親《しん》疎《そ》有《あ》り。然《しか》るに吾《わ》が祖宗《そそう》より之《これ》を視《み》れば、則《すなは》ち均《ひと》しく是《こ》れ子孫《しそん》にして、固《もと》より親疎《しんそ》無《な》し。苟《まこと》に祖宗《そそう》の意《い》に親疎《しんそ》無《な》けれぱ、則《すなは》ち饑寒《きかん》の者《もの》、吾安《われいづく》んぞ恤《あは》れまざるを得《え》んや。

祖宗《そそう》より來《このかた》、徳《とく》を積《つ》むこと百餘年《ひやくよねん》にして、始《はじ》めて吾《われ》に發《はつ》し、大官《たいくわん》に至《いた》るを得《え》たり。若《も》し獨《ひと》り富貴《ふつき》を享《う》けて、宗族《そうぞく》を恤《あは》れまずんば、異日何《いじつなに》を以《もつ》て祖宗《そそう》に地下《ちか》に見《まみ》え、今何《いまなん》の顏《かんばせ》か家廟《かべう》に入《い》らんや、と。是《ここ》に於《おい》て恩例《おんれい》・俸賜《ほうし》、常《つね》に族人《ぞくじん》に均《ひと》しくし、并《なら》びに義《ぎ》田宅《でんたく》を置《お》けりといふ。

〔大意〕

范文正公《はんぶんせいこう》（仲淹《ちゅうえん》・希文《きぶん》）が参知政事（宰相）になった時、その子たちに告げて言う。自分が貧しかった頃には、お前たちの母と二人で母親を養い、お前たちの母は自分で飯を炊くなど苦労をしたが、母親に充分に美味の食事を食べて頂くことができなかった。今、こうして豊かな俸禄を得て、これで親を充分に養おうと思っても、母親ももう居られない。お前たちの母も早逝してしまった。これは自分が最も遺憾と思う事であり、お前たちにだけ富貴の安楽を享受させることは、まことに忍び難いところなのである。

呉県にはわが同族の者が甚だ多い。その中には、自分にとって親しい者、疎《うと》い者の区別があるが、自分の先祖から見れば、均しく皆子孫であるから、当然、親疎《しんそ》の区別などありはしない。このように先祖の気持ちに親疎の区別が無いとすれば、同族の中で飢寒《きかん》に苦しむ者があれば、どうして救恤《きゅうじゅつ》しないままでおられようか。

そもそも自分が大官になることができたのは、同族の先祖以来、徳を積むこと百年余、その積善の余慶が初めて自分に発現したお蔭である。もしも自分だけがこの富貴を享受して、先祖代々の子孫である同族の困窮者を救恤しないままにしたとすれば、死後、どの顔さげて地下の先祖に相見《あいまみ》え、生きている今、祭祀のため家廟に入ることができようか、と。こうして、臨時に賜わった恩恵も、定まった俸禄もすべて常に一族の者に均分し、同時に、無料で利用できる田宅《でんたく》を設置して、一族の貧窮者を救恤したという。

＊参知政事《さんちせいじ》…宋の官名。国政の枢機《すうき》に参画する重職。古の宰相に当たる。
＊爨《さん》を執《と》る…炊飯すること、飯を炊くこと。
＊恩例・俸賜…恩例は加恩の例、王室の慶事など臨時に賜わる恩恵。俸賜は定例の俸給及び下賜。全収入の意。
＊義田宅《ぎでんたく》…義とは無料で使用を許す意。范文正公は、蘇州城外に田十余頃《けい》を買い、その田祖で宗族の貧困者を養い、住宅は無料で提供した。

董仲舒《とうちゅうじょ》曰《いは》く、仁人《じんじん》は、其《そ》の誼《ぎ》を正《ただ》しうし、其《そ》の利《り》を謀《はか》らず。其《そ》の道《みち》を明《あき》らかにし、其《そ》の功《こう》を計《はか》らず。

〔大意〕

董仲舒《とうちゅうじょ》言う。仁人というものは、事に当たって、その事の正義か否かのみを主んじ、その事によって得られる利益をねらいとはしない。その事の道義を明らかにして、その成果の効用を図らない。

＊董仲舒《とうちゅうじょ》…（前一七九〜前一〇四）漢の武帝に進言して、儒教を国教と認めさせた人物。公羊春秋（『春秋公羊伝《しゅんじゅうくようでん》』）を修めて博士となった。

＊誼《ぎ》…義と同じ、事の宜しきところを義という。

＊道…天理の自然にして事理の当然なるところ。義に対していう時は、道は大綱をいい、義は、個々についていう。

＊正誼明道は、後世の儒家の常套語となった。

孫思邈《そんしばく》曰《いは》く、膽《たん》は大《だい》ならんを欲《ほっ》して、心《こころ》は小《せう》ならんを欲《ほっ》す。智《ち》は圓《ゑん》ならんを欲《ほっ》して、行《おこなひ》は方《はう》ならんを

—

欲《ほっ》す。

〔大意〕

孫思邈《そんしばく》言う。胆は大きく、心は細かく、智は円転して臨機応変に働き、行ないは方正で規律正しいことが望ましい、と。

＊孫思邈《そんしばく》…諸子百家の説に詳しく、老荘に秀でていた。医理にも通じていた。隋《ずい》の文帝や唐の太宗にも召された人物。

＊膽《たん》は大ならん…当時の医家では、胆は志を蔵するところで決断を出し果決を務とするとされていた。大胆にして細心が理想であった。

＊心は小ならん…小とは細かいこと。心づかいの行き届くことをいう。

＊智は円ならん…円とは、万事に通じて滞らず、臨機応変に変転すること。

＊行は方ならん…方とは円に対し、常に折目正しく、法式に従うこと。

—

濂溪周先生《れんけいしうせんせい》曰《いは》く、聖《せい》は天《てん》を希《こひねが》ひ、賢《けん》は聖《せい》を希《こひねが》ひ、士《し》は賢《けん》を希《こひねが》ふ。伊尹《いゐん》・顏淵《がんえん》は大賢《たいけん》なり。伊尹《いゐん》は其《そ》の君《きみ》の堯《げう》・舜《しゆん》と爲《な》らずして、一夫《いつぷ》も其《そ》の所《ところ》を得《え》ざるを恥《は》づること、市《いち》に撻《むちう》たるるが若《ごと》し。顏淵《がんえん》は、怒《いかり》を遷《うつ》さず、過《あやまち》を貳《ふたた》びせず、三月《さんげつ》仁《じん》に違《たが》はず。

伊尹《いゐん》の志《こころざ》す所《ところ》を志《こころざ》し、顏淵《がんえん》の學《まな》ぶ所《ところ》を學《まな》ぶ。過《す》ぎば則《すなは》ち聖《せい》、及《およ》ばば則《すなは》ち賢《けん》、及《およ》ばざるとも則《すなは》ち亦《また》令名《れいめい》を失《うしな》はず。

〔大意〕

濂溪周《れんけいしゆう》先生言う。聖人は天を模範として、天のようでありたいと希求《ききゅう》し、賢人は聖人を模範として聖人のようでありたいと希求し、士君子は賢人を模範として、賢人のようでありたいと希求する。

あの伊尹《いいん》・顔淵《がんえん》は、偉大な賢人である。伊尹は、自分が仕える君主が古の聖天子の堯・舜のようになれなかったり、自分の治める人民の一人でも困窮する者があったりすると、まるで市場の衆目の前で鞭打ちの刑を受けているような自分の大恥辱であると考えた。

顔淵は、腹を立てても八つ当りせず、同じ過ちを再び繰り返すこともせず、更に幾月にもわたってその心が仁に違うことがなかったものである。

士君子たる者は、伊尹が志した所をもって自分の志と考え、顔淵が学ぼうとした所をもって自分の学問として努めたならば、もしもこの両大賢を越えるようなことがあれば、聖人になれるし、同等であれば賢人、たとえ及ばなくとも、士君子としての令名を失うことはなかろう、と。

＊濂渓周《れんけいしゅう》先生…周敦頤《しゅうとんい》（一〇一七～一〇七二）、字は茂叔、故郷の濂渓の地名に因《ちな》んで呼ばれた。『大極図説』『易通』などの著作がある二程子の師、宋学の源流とされている。

＊希《こいねが》う…模範として同じようになりたいと希求すること。

＊伊尹《いいん》〜恥づ…『尚書《しょうしょ》』説命下篇に、殷の高宗の語として「われその君をして堯舜たらしむることあたはざれば、その心愧恥《きち》すること、市に撻《むちう》たるるがごとし、一夫も獲《え》ざれば、則ち曰く、これわれのつみなり」と見える。

＊市に撻《むちう》たる…市は衆人の集まる所。衆人環視の中で、罪を問われ鞭で打たれること。大恥辱を受けること。

＊顔淵は…『論語』雍也篇に見える顔回を称えた条《くだ》り。

＊令名《れいめい》…名声、善い評判。

伊川先生《いせんせんせい》曰《いは》く、顔淵《がんえん》、克己復禮《こくきふくれい》の目《もく》を問《と》ふ。孔子曰《こうしいは》く、禮《れい》に非《あら》ざれば視《み》る勿《な》かれ、禮《れい》に非《あら》ざれば聴《き》く勿《な》かれ、禮《れい》に非《あら》ざれば言《い》ふ勿《な》かれ、禮《れい》に非《あら》ざれば動《うご》く勿《な》かれ、と。四者《ししゃ》は身《み》の用《よう》なり。中《うち》に由《よ》りて外《そと》に應《おう》

ず。外《そと》に制《せい》するは、其《そ》の中《うち》を養《やしな》ふ所以《ゆゑん》なり。顔淵《がんえん》斯《こ》の語《ご》を事《こと》とす、聖人《せいじん》に進《すす》む所以《ゆゑん》なり。後《のち》の聖人《せいじん》を學《まな》ぶ者《もの》、宜《よろ》しく服膺《ふくよう》して失《うしな》ふ勿《な》かるべし。因《よ》つて、箴《しん》して以《もつ》て自《みづか》ら警《いまし》む。

其《そ》の視箴《ししん》に曰《いは》く、心《こころ》は本《もと》虚《きよ》なり、物《もの》に應《おう》じて迹《あと》無《な》し。之《これ》を操《と》るに要《えう》有《あ》り、視《み》る之《これ》が則《のり》と爲《な》る。蔽《おほ》ふ前《まへ》に交《まじ》り、其《そ》の中《うち》則《すなは》ち遷《うつ》る。之《これ》を外《そと》に制《せい》し、以《もつ》て其《そ》の内《うち》を安《やす》んず。己《おのれ》に克《か》ち禮《れい》に復《かへ》らば、久《ひさ》しくして誠《まこと》あり。

其《そ》の聽箴《ていしん》に曰《いは》く、人《ひと》、彝《い》を秉《と》る有《あ》り、天性《てんせい》に本《もと》づく。

知《ち》誘《みちび》き物《もの》化《くわ》し、遂《つひ》に其《そ》の正《せい》を亡《うしな》ひ、卓《たく》たる彼《か》の先《せん》覺《かく》、知《し》り止《とど》まりて定《さだ》まる有《あ》り。邪《じや》を閑《ふせ》ぎ誠《まこと》を存《そん》す。禮《れい》に非《あら》ざれば聽《き》く勿《な》かれ。

其《そ》の言《げん》箴《しん》に曰《いは》く、人心《じんしん》の動《うご》く、言《げん》に因《よ》りて以《もつ》て宣《い》ふ。發《はつ》するに躁妄《さうばう》を禁《きん》ずれば、內《うち》斯《こ》れに靜專《せいせん》なり。矧《いは》んや是《こ》れ樞機《すうき》にして、戎《じゆう》を興《おこ》し好《かう》を出《いだ》し、吉凶榮辱《きつきようえいじよく》、惟《ただ》其《そ》の召《まね》く所《ところ》。易《い》に傷《やぶ》れば則《すなは》ち誕《たん》、煩《はん》に傷《やぶ》れば則《すなは》ち支《し》、己《おのれ》肆《し》なれば物《もの》忤《さから》ひ、出《い》づる悖《もと》れば來《きた》る違《たが》ふ。法《はふ》に非《あら》ざれば道《い》はず。欽《つつし》めや訓辭《くんじ》を。

其《そ》の動箴《どうしん》に曰《いは》く、哲人《てつじん》は幾《き》を知《し》りて、之《これ》を思《し》に誠《まこと》にす。志士《しし》は行《おこなひ》を勵《はげ》まし、之《これ》を爲《ゐ》に守《まも》る。理《り》に順《したが》へば則《すなは》ち裕《ゆたか》に、欲《よく》に從《したが》へば惟《こ》れ危《あやふ》し。造次《ざうじ》にも克《よ》く念《おも》ひ、戰兢《せんきよう》として自《みづか》ら持《ぢ》す。習性《ならひせい》と成《な》り、聖賢《せいけん》と歸《き》を同《おな》じくす。

〔大意〕

程伊川《ていいせん》先生言う。顔淵が己れに克ち礼に復《か》えるための実践の要目を尋ねたところ、孔子は答えて、視・聴・言・動の、人として行動すべてにおいて、礼にかなったように行動せよ、と教えた。つまり、礼にかなわないことは行なってはならないというのが要目である。この視・聴・言・動は、みな身体の作用で、身体の主たる中の心が、外からの刺激に応じて動があらわれるものであり、外からの刺激に応じて現われるこの四者に制約を加え、それを正しく保つことは、逆に内なる心を正しく養うゆえんとなる。己に克ち、礼に復するとは、このことで、顔淵は、もっぱらこの「克己復礼」の実習に努めた。こうして聖人の域に入って行ったのである。後から聖人を志して学ぶ者は、このことを心に刻んで忘れてはならない。そこで、視・聴・言・動の四つの箴《しん》を作って自ら戒めることにしたのである。

その一つの視箴《ししん》（視覚の戒め）に言う。心は本来、虚で、つまり何でも受け容れるもので、外からの刺激に応じて動き、変化して固定した迹形を残さない。放任しておけば、あらゆる方向に動いて行ってしまうので、必ず要領よく操守する必要がある。視における克己復礼は、心を操守する工夫の法則となるのである。もし視において明を失い、不正の外物ばかり受け入れてしまうと、内なる心は誤った方向に動かざるを得ない。外物に対する第一の関門である視において制約を加えて、内なる心を安定させる。この視において「己れに克ち、礼に復する」よう努めることは、やがて心の誠を達成する第一要件となる。

その二つ目の聴箴《ていしん》に言う。本来人間は、天性に基づいて正しい道を歩むものであるが、外からの刺激に誘われると、その知つまり判断が誤ってしまう。すぐれた先覚である聖賢は、自分の在るべき所を知って、心の安定を得、更に邪悪を防いで心の誠を保持するのである。だから礼にはずれたことは聴いてはならないのである。

その三つ目の言箴《げんしん》に言う。人の心は動いており、その心意は言葉によって表明されるが、発言に際し、落ちついて迷妄しないようにすれば、逆に心を静かつ専にすることができる。況《ま》してや、言行は君主の枢機であり、それによって戦争を起こしたり、平和になったりするもので、吉凶、栄辱も皆、言行の招く所であるから、一層注意せねばならない。発言が簡易すぎると、精確でなくなるし、逆に煩雑になりすぎると、支離滅裂《しりめつれつ》になってしまう。自分が放肆《ほうし》であれば、物事は順当に動かず、自分の発言が理に合わなければ、理に悖《もと》る反応が反ってくる。先王の法言でなければ、敢て言わずという古訓の通り、言における克己復礼の工夫は慎まなければならない。

その第四の動箴《どうしん》に言う。哲人は、物事の兆を知って、思意において言動の誠を保持し、志士は、行動においてその正しさを守る。理に従順に行動できれば、すべて余裕があって条理が乱れず、逆に利欲に従順に行動すれば、すべて不安定で危《あやう》い結果となる。克己復礼においては、結局、常時よく思念し、行動もおそれつつしみ、その結果、正しい行動の習慣が天性のようになれば、聖賢と同じ所に落ち着いたことで、学問の目的は達せられたといいえよう。

＊「四箴」の文章…『伊川文集』に見える。朱子は、伊川が古典に根拠し、その実習の体験を述べたものとしている。
＊克己復礼…己は自己の私欲、克は打ち克つこと。復は立ち反ること。己に打ち克つことによって、非礼の状態から礼の状態に復帰すること。
＊目を問う…実習法の項目、眼目のこと。
＊身の用…用は作用、機能のこと。
＊服膺《ふくよう》…朱注に「膺は胸なり。奉持して之を心胸の間に著く。能く守るを言ふなり」とある。『中庸』の「拳拳服膺《けんけんふくよう》」と同じ。
＊箴《しん》…誡め。自戒のことば。
＊蔽…蔽《おお》うとは、視が外来の刺激に対して取舎の判断をなしえないこと。
＊久しくして誠…克己復礼の実習を久しくつむと、心が誠となる意。
＊彝《い》を秉《と》る…常道を取り守る。天から与えられた正しい道を守る。
＊知り止まり…『大学』の語。「止まる」とは、至善に止まること、つまり自己をあるべきところに定在させること。

＊躁妄…躁は落ち着きのないこと。妄は条理に合わないこと。
＊静専《せいせん》…『易』繋辞上に「夫れ乾はその静なるや専、その動くや直、ここを以て大いに生ず」とある。静は、しずまりて安きこと、専は完全なこと。
＊枢機…『易』繋辞上に、「言行は君子の枢機なり。枢機の発は栄辱の主なり」とある。枢は戸を開閉する要軸、機は弩（石弓）の引き金。合わせて最も肝要なところ。
＊戎《じゅう》と好《こう》…戎は兵事。好は、交誼《こうぎ》、よしみ。
＊誕《たん》…大まか、不精確なこと。
＊支…支離滅裂、ちりぢりばらばらなこと。
＊肆…放恣《ほうし》。恣は、ほしいままの意。
＊幾…物事の発生する時あらわれる極微の前兆。きざし。
＊造次《ぞうじ》…準備なく、にわかに行動する場合。

伊川《いせん》先生《せんせい》言《い》ふ、人《ひと》に三《さん》の不幸《ふかう》有《あ》り。少年《せうねん》にして高科《かうくわ》に登《のぼ》るは、一《いつ》の不幸《ふかう》、父兄《ふけい》の勢《いきほひ》に席《よ》りて美官《びくわん》と為《な》

るは、二《に》の不幸《ふかう》、高才有《かうさいあ》りて文章《ぶんしやう》を能《よ》くするは、三《さん》の不幸《ふかう》なり。

〔大意〕
程伊川先《ていいせん》生言う。人に三つの不幸がある。その一つは、年若くして優秀な成績で科挙《かきょ》に合格すること。その二つ目は、父兄の威勢のお蔭で高級官僚となること。その第三は、才能に秀で文章も優れていることの三つである、と。

＊高科《こうか》に登る…科は、科挙《かきょ》つまり官吏《かんり》登用試験、その中でも難関だったのは進士科であった。高は優秀な成績で科挙に及第すること。
＊席《よ》る…お蔭での意。
＊高才有り…朱子は「高才あり文章がうまいと、理会《りかい》が速く皮相《ひそう》になり易く、又それを軽々と文章にしたくなり、結局、この能解が邪魔となり一生精緻な義理の探求につとめることができない」といっている。いわゆる「器用貧乏」に陥ってしまうことである。

＊出典…『二程遺書』及び『呂氏童蒙訓』。

范忠宣公《はんちゅうせんこう》、子弟《してい》を戒めて曰《いは》く、人至愚《ひとしぐ》と雖《いへど》も、人《ひと》を責《せ》むる則《すなは》ち明《あきら》かに、聰明有《そうめいあ》りと雖《いへど》も、己《おのれ》を恕《じょ》する則《すなは》ち昏《くら》し。爾曹《なんじがともがら》但常《ただつね》に人《ひと》を責《せ》むるの心《こころ》を以《もつ》て己《おのれ》を責《せ》め、己《おのれ》を恕《じょ》するの心《こころ》もて人《ひと》を恕《じょ》せば、聖賢《せいけん》の地《ち》位《ゐ》に到《いた》らざるを患《うれ》へず。

〔大意〕
范忠宣公《はんちゅうせんこう》は、子弟を戒めて言う。人は至って愚かな者でも、人の非を責めるときには、明敏で、よく人の責めるべき非を責めるものだ。聡明な者でも、自分の非をゆるすという場合には、暗愚で、自分のゆるすべきでない非までゆるしてしまうものである。

そこで、お前たちは、ただ常に、人の非を責める心で自分の非を責め、自分の非をゆるす心で、人の非をゆるすように心がければ、聖賢になれない心配はないのである、と。

＊范忠宣公《はんちゆうせんこう》…范仲淹《ちゆうえん》の第二子純仁（一〇二七〜一一〇一）、字は堯夫、忠宣は諡《おくりな》。父の在世中は孝養を重んじて任官せず、朋友と読書に専念した。後、殿中侍御史・侍御史と累進し強く王安石に反対した。出典は『范忠宣言行録』。

＊恕…自分が人からされたくないと思うことを、人に対してもしないこと。逆に自分が人からしてもらいたいことを、先ず人に対してすること、思いやり。同情。

張思叔《ちやうししゆく》の座右《ざいう》の銘《めい》に曰《いは》く、

凡《およ》そ語《ご》は必《かなら》ず忠信《ちゆうしん》、凡《およ》そ行《おこなひ》は必《かなら》ず篤敬《とくけい》、飲食《いんしよく》は必《かなら》ず慎節《しんせつ》、字畫《じくわく》は必《かなら》ず楷正《かいせい》、容貌《ようばう》は必《かなら》ず端莊《たんさう》、衣冠《いくわん》は必《かなら》ず肅整《しゆくせい》、歩履《ほり》は必《かなら》ず安詳《あんしやう》、居處《きよしよ》は必《かなら》ず正靜《せいせい》。

事《こと》を作《な》すに必《かなら》ず始《はじめ》を謀《はか》り、言《げん》を出《いだ》すに必《かなら》ず行《おこなひ》を顧《かへり》み、常徳《じやうとく》は必《かなら》ず固《かた》く持《ち》し、然諾《ぜんだく》は必《かなら》ず重《おも》く應《おう》じ、善《ぜん》を見《み》ては己《おの》れ出《い》だすが如《ごと》く、惡《あく》を見《み》ては己《おのれ》病《や》むが如《ごと》し。凡《およ》そ此《こ》の十四《じふし》は、我皆未《われみないま》だ深《ふか》く省《かへり》みず、此《これ》を書《しよ》して座隅《ざぐう》に當《あ》て、朝夕《てうせき》視《み》て警《いましめ》と爲《な》す。

〔大意〕

張繹《ちようえき》の座右の銘に言う。

すべて、言う言葉にまことがあり、行なう行ないは手厚くうやうやしくする。飲食は、必ず慎み節制する。文字は、必ず正しく粗相の無いよう書く。容貌は、必ず端正にかつ荘重《そうちよう》を保つ。衣冠は、必ず慎み整えて着用する。歩き方は、必ず静かに気を付けて足をはこぶ。家にくつろいでいる時は、必ず正しい姿勢で静かにしている。すべて事を行なおうとする時には、必ず始めによく考える。発言する時は、必ず自分の行為を顧みてから言う。通常の徳行は、必ず堅持《けんじ》しておろそかにしない。人と同意し引き受けたことは、必ず重んじて、約束を守り信頼にこたえるよう努める。人の善行あるを見る時は、自分が行なったようによろこび、人の悪行あるを見る時は、自分の悪いくせで、そうしているように残念に思う。

この十四条は、どれも皆、自分が深く反省し切れずにいる所である。そこで、常の座右の隅に此の銘を記しておいて、朝夕に視て自戒、自警に役立てようと思う。


*張思叔《ちょうししゅく》…名は繹《えき》、字は思叔。程伊川の晩年の門人。

*忠信・篤行…『論語』衛霊公篇に見える孔子の言葉。

*歩履《ほり》…歩行。

*安詳《あんしょう》…安は落着いていること。詳は丁寧なこと。

*居処《きょしょ》…仕事が無くて家でくつろいでいること。

*謀始…始める時に、よく考えて計画を立てること。「作レ業謀レ始」は、易の語。

*行《おこない》を顧《かえり》みる…『中庸』に「言は行を顧み、行は言を顧みる」（ものごとを言い出そうとすれば、そのことを実行しおおせるか否かをよく考え、また、ものごとを実行しようとすれば、それが

正しい考えに合っているかどうかを慮って、言と行との一致につとめる）。
＊常徳《じょうとく》…『中庸』に「庸徳をば之《こ》れ行い、庸言をば之《こ》れ謹み…」とある庸徳（日常為すべき徳）が常徳に当たる。
＊重く応じ…重く信約に応《こた》える。
＊出典…『宋名臣言行録』による。

胡文定公《こぶんていこう》曰《いは》く、人《ひと》は須《すべか》らく是《こ》れ一切《いつさい》の世味《せいみ》に淡薄《たんはく》にして、方《まさ》に好《よ》かるべし。富貴《ふき》の相有《さうあ》るを要《もと》めず。孟《まう》子《し》謂《い》ふ、堂《だう》の高《たか》きこと數仭《すうじん》、食前《しよくぜん》に方丈《はうぢやう》、侍妾《じせふ》數《すう》百人《ひやくにん》、我《われ》志《こころざし》を得《う》とも爲《な》さず、と。學者《がくしや》須《すべか》らく先《ま》づ此等《これら》を除《のぞ》き去《さ》り、常《つね》に自《みづか》ら激昂《げきかう》すべく、便《すなは》ち墜墮《つゐだ》を得《え》るに到《いた》らず。

常《つね》に愛《あい》す、諸葛孔明《しよかつこうめい》、漢《かん》の末《すゑ》に當《あた》り、躬《みづか》ら南陽《なんやう》に耕《たがや》して、聞達《ぶんたつ》を求《もと》めず、後來劉先主《こうらいりうせんしゆ》の聘《へい》に應《おう》じ、山河《さんが》を宰割《さいかつ》し、天下《てんか》を三分《さんぶん》し、身《み》將相《しやうしやう》を都《す》べ、手《て》に重兵《ちやうへい》を握《にぎ》る、亦何《またなに》を求《もと》めて得《え》ざらん、何《なに》を欲《ほつ》して遂《と》げざらんとすと雖《いへど》も、乃《すなは》ち後主《こうしゆ》の與《ため》に言《い》ふ、成《せい》都《と》に桑八百株《さうはつぴやくしゆ》、薄田十五頃《はくでんじふごけい》有《あ》り、子孫《しそん》の衣食《いしよく》自《おのづか》ら餘饒《よぜう》有《あ》り、臣《しん》の身外《みそと》に在《あ》りて、別《べつ》に調度《てうたく》無《な》く、別《べつ》に生《せい》を治《をさ》めて以《もつ》て尺寸《しやくすん》を長《ちやう》ぜず、若《も》し死《し》するの日《ひ》、廩《りん》に餘粟《よぞく》有《あ》り、庫《こ》に餘財《よざい》有《あ》りて、以《もつ》て陛下《へいか》に負《そむ》かしめず、と。

卒《しゅっ》するに及《およ》びて果《はた》して其《そ》の言《げん》の如《ごと》し。此《かく》の輩《はい》の人《ひと》如《ごと》きは、眞《まこと》に大丈夫《だいぢやうふ》と謂《い》ふ可《べ》し。

〔大意〕

胡安国言う。世俗の求める味わいは、淡薄であるべきであって、それでこそ良いのだ。富貴の様相などは無用である。孟子言う。宮殿の高さが数仞《すうじん》もあり、ご馳走を前に一丈四方もならべ、侍女は数百人などという富貴など、自分は志を得ても、そんな真似はしない、と。道を学ぼうとする者は、先ず、世俗の求める味わいを除き去って、常に自分を激励し、意気を昂揚しなければならない。そうすれば、心志の堕落をまぬかれることができるであろう。

故安国はまた、常に諸葛孔明の生き方を敬愛していた。すなわち、孔明は漢末の乱世に、南陽の地で、躬《みず》から地を耕し、（大才があるにも拘《かかわ》らず貧窮に安んじて）世の王侯に知られ用いられようとはしなかった。後に、劉備の三顧の礼に応じて草廬《そうろ》から世に出て、天下三分の計を推進し、身は宰相となりかつ諸将軍を統括する兵馬の大権も掌握して、何事も意のままにできるのに、後主への上表《じょうひょう》には、「自分には、成都に桑八百株、瘠《やせ》田十五頃《けい》があり、子孫の衣食は、足りてあまる程です。自分は外に出で軍事を統《す》べていますが、それ以外には、別にはからうこともなく、すべて衣食は官給に仰ぎ、外に事業を始めて、少しの土地も財産も増やすようなことはしていません。自分が死んだ時、この言に背いて、倉に余分の粟、庫に余分の財貨などを残していて、陛下の自分に対する信頼を裏切るようなことは致しません」と述べた。

孔明の死後、果たしてその言葉通りであった。このような人物こそ、真に大丈夫と謂ってよいだろう。

＊胡文定公…胡安国（一〇七四〜一一三八）、字は康侯、文定と諡《おくりな》された。『春秋伝』の作者。晩年は、南宋の高宗の諮問《しもん》にあずかった。

＊世味《せいみ》淡薄…世味は、世俗の好む味わい。功名心、利欲等が主なもの。淡薄は、あっさりしていること。

＊孟子謂ふ…『孟子』尽心下篇の語。

＊墜堕《ついだ》…墜堕は、堕落と同じ。学者としての心志を保ち得ないこと。
＊躬ら南陽に耕して…「出師《すいし》の表《ひょう》」に「臣本布衣、南陽に躬耕し、性命を乱世に苟全して、聞達を諸侯に求めず…」とある。
＊聘《へい》に応じ…劉備の三顧の礼に応じて、世に出て活躍したこと。
＊天下を三分し…蜀《しょく》は、魏《ぎ》・呉《ご》とともに、天下三分の計を推進したこと。
＊薄田《はくでん》…肥田の逆。やせて作物のよくできない田。
＊調度…調整・処置すること。租税を更に取りたてることか。
＊廩《りん》・庫《こ》…廩は米穀を入れる蔵。庫は、財貨を入れる蔵。

范益謙《はんえきけん》座右《ざいう》の戒《かい》に曰《いは》く、
一《いち》に、朝廷《てうてい》の利害《りがい》、邊報《へんはう》の差除《さちよ》を言《い》はず。
二《に》に、州縣《しうけん》の官員《くわんゐん》の長短得失《ちやうたんとくしつ》を言《い》はず。
三《さん》に、衆人《しゆうじん》の作《な》す所《ところ》の過惡《くわあく》を言《い》はず。

四《し》に、仕《し》進《しん》官《くわん》職《しよく》、時《とき》に趨《おもむ》き勢《いきほひ》に附《つ》くを言《い》はず。
五《ご》に、財《ざい》利《り》の多《た》少《せう》、貧《ひん》を厭《いと》ひ富《とみ》を求《もと》むるを言《い》はず。
六《ろく》に、淫《いん》媟《せつ》戯《ぎ》嫚《まん》、女《ぢよ》色《しよく》を評《ひやう》論《ろん》するを言《い》はず。
七《しち》に、人《ひと》の物《もの》を求《きう》覓《べき》し、酒《しゆ》食《しよく》を干《かん》索《さく》するを言《い》はず。

又《また》曰《いは》く、一《いち》、人《ひと》書《しよ》信《しん》を附《ふ》せば、開《かい》拆《たく》沈《ちん》滞《たい》す可《べ》からず。
二《に》に、人《ひと》と竝《なら》び坐《ざ》して、人《ひと》の私《し》書《しよ》を窺《うかが》ふ可《べ》からず。
三《さん》に、凡《およ》そ人《ひと》の家《いへ》に入《い》り、人《ひと》の文《もん》字《じ》を看《み》る可《べ》からず。
四《し》に、凡《およ》そ人《ひと》の物《もの》を借《か》り、損《そん》壊《くわい》し還《かへ》さざる可《べ》からず。
五《ご》に、凡《およ》そ飲《いん》食《しよく》を喫《きつ》し、揀《れん》擇《たく》去《きよ》取《しゆ》す可《べ》からず。
六《ろく》に、人《ひと》と同《おなじ》く處《を》るに、自《みづか》ら便《べん》利《り》を擇《えら》ぶ可《べ》からず。

七《しち》に、人《ひと》の富貴《ふつき》を見《み》て、嘆羨詆毀《たんせんていき》す可《べ》からず。凡《およ》そ此《こ》の數事《すうじ》、之《これ》を犯《をか》す有《あ》らば、以《もつ》て用意《ようい》の不肖《ふせう》を見《み》るに足《た》る。心《こころ》を存《そん》し身《み》を修《をさ》むるに於《おい》て、大《おほ》いに害《がい》する所《ところ》有《あ》り。因《よ》つて書《しよ》して以《もつ》て自《みづか》ら警《いまし》む。

〔大意〕

范益謙《はんえきけん》の座右の戒めに言う。

一、朝廷の施政の是非得失、辺境（金との接触のある地方）からの報告・人事に関して論評を加えないこと。

二、地方官僚の才幹の長・短、並びにその施策の是非得失について論評しないこと。

三、一般の人びとの行為について、過失や悪行に関しては論評しないこと。

四、官僚としての出世、栄達及びそれにありつくために、時流に迎合し権力者にとりいることなどに関しては発言しないこと。

五、財貨や利益獲得の多少、及びそのために貧を厭《いと》い富を求めるようなことは、口にしないこと。

六、およそ好色なたわむれごとや女色を品評する話はつつしむこと。

七、他人の物品を求めたり、酒食の接待を強要したりすることは言わないこと。

更にまた言う。

一、人が書簡を附託《ふたく》した時は、開封したり、自分の手元に留めたままにしてはならない。

二、人と並んで坐っている時は、人が私信を読むのをのぞいてはならない。

三、人の家を訪れた時は、人の家の書簡とか記録とか帳簿の書き物を看てはならない。

四、すべて人の物品を借りた時は、傷付けたりこわしたりして返さないようなことがあってはならない。

五、すべて飲食する時は、選び取ったり、好き嫌いをしてはならない。

六、人と一緒に居る時は、自分勝手に便利な場所を選んではならない。

七、他人の富貴を見ても、歎息したり、羨望《せんぼう》したり、そしったりしてはならない。

およそここに揚げた数箇条の戒めを犯すのは、常々のこころがけが、よくない証拠で、心を保ち養い、己れを修めていく上に大きな害になるものである。因ってこれを座右に記して慎戒・自警するところである。

＊范益謙《はんえきけん》…名は冲、字は益謙、宋の進士であったが、南宋になり、高宗即位後、用いられた。名臣の誉れ高い范祖禹の子。

＊辺報…辺境（北方の金との交接地帯）からの報告。対外問題は南宋の最大国事。

＊差除…辺境の官僚の派遣、任命等の人事。

＊作《な》す所の過悪《かあく》…行為の過失と悪事。

＊時に趨《おもむ》き勢《いきおい》に附《つ》く…時は権勢に随う時代の風潮。勢は権力者。

＊淫媟《いんせつ》戯嫚《ぎまん》…淫は淫乱、媟はなれけがすこと、戯嫚はたわむれあなどること。不真面目でだらしないこと。これらの語は皆、女色のよしあしを論評する内容。

＊求覓《きゅうべき》・干索《かんさく》…皆、強く他人に求めること。

＊附す…附は託、或る人に届けるよう頼むこと。

＊開拆《かいたく》…開封。開きさいてしまうこと。

＊沈滞《ちんたい》…留め置くこと。
＊揀択去取《れんたくきょしゅ》…自分の気に入ったものだけを選び取ること、選り好みすること。
＊嘆羨詆毀《たんせんていき》…嘆はなげく、羨はうらやむ、詆毀はそしること。すべて自分と他人とを比較してのことば。
＊范益謙の座右戒に政治に関わることを禁句としているのは、父の范祖禹が司馬光などと共に、王安石の新法に反対して、「党争」の渦中に巻き込まれたことを極力避けた心情をよく示している。

顔氏家訓《がんしかくん》に曰《いは》く、夫《そ》れ書を讀み學問《がくもん》する所以《ゆゑん》は、本《もと》心《こころ》を開《ひら》き目《め》を明《あきら》かにし、行《おこなひ》に利《り》せんと欲《ほっ》するのみ。未《いま》だ親《しん》を養《やしな》ふを知《し》らざる者《もの》は、其《そ》の古人《こじん》の意《い》に先《さきだ》ち

顔《かほ》を承《う》け、聲《こゑ》を怡《よろこ》ばせ氣《き》を下《くだ》し、劬勞《くらう》を憚《はばか》らずして、以《もつ》て甘腝《かんなん》を致《いた》すを觀《み》、愓然《てきぜん》として慙懼《ざんく》し、起《た》つて之《これ》を行《おこな》はんを欲《ほつ》す。

未《いま》だ君《きみ》に事《つか》ふるを知《し》らざる者《もの》は、其《そ》の古人《こじん》の職《しよく》を守《まも》りて侵《をか》す無《な》く、危《あやふ》きを見《み》ては命《めい》を授《さづ》け、誠諫《せいかん》を忘《わす》れず、以《もつ》て社稷《しやしよく》を利《り》するを觀《み》、惻然《そくぜん》として自《みづか》ら念《ねん》じ、之《これ》に效《なら》はんと欲《ほつ》すると思《おも》はんを欲《ほつ》す。

素《もと》より驕奢《けうしや》なる者《もの》は、其《そ》の古人《こじん》の恭儉《きようけん》にして用《よう》を節《せつ》し、卑《いやし》うして以《もつ》て自《みづか》ら牧《やしな》ひ、禮《れい》は敎《をしへ》の本《もと》たり、敬《けい》は身《み》の基《もとゐ》なるを觀《み》、瞿然《くぜん》として自失《じしつ》し、容《かたち》を斂《をさ》め志《こころざし》を抑《おさ》へんを欲《ほっ》す。素《もと》より鄙《ひ》悋《りん》なる者《もの》は、其《そ》の古人《こじん》の義《ぎ》を貴《たっと》び財《ざい》を輕《かろ》んじ、私《わたくし》を少《すくな》くし慾《よく》を寡《すくな》くし、盈《み》つるを忌《い》み滿《み》つるを惡《にく》み、窮《きゅう》を賙《にぎ》はひ匱《とぼ》しきを卹《めぐ》むを觀《み》、赧《たん》然《ぜん》として悔《く》い恥《は》ぢ、積《つ》みて能《よ》く散《さん》ぜんを欲《ほっ》す。素《もと》より暴《ばう》悍《かん》なる者《もの》は、其《そ》の古人《こじん》の心《こころ》を小《しょう》にして己《おのれ》を黜《しりぞ》け、齒《は》弊《やぶ》れ舌《した》存《そん》し、垢《こう》を含《ふく》み疾《しつ》を藏《ざう》し、賢《けん》を尊《たっと》び衆《しゅう》を容《い》るるを觀《み》、苶《てつ》然《ぜん》として沮《そ》喪《さう》し、衣《い》に勝《た》へざるが若《ごと》くならんを欲《ほっ》す。素《もと》より怯《けふ》懦《だ》なる者《もの》は、其《そ》の古人《こじん》の生《せい》に達《たっ》し命《めい》に委《ゐ》し、強《きゃう》毅《き》正《せい》直《ちょく》、言《げん》を立《た》つる必《かなら》ず信《しん》、福《ふく》を求《もと》むる回《よこしま》ならざるを觀《み》、勃然《ぼつぜん》として奮厲《ふんれい》し、恐懼《きようく》す可《べ》からざるを欲《ほつ》す。

茲《これ》を歴《へ》て以往《いわう》、百行皆然《ひやくかうみなしか》り。縱《たと》ひ淳《じゆん》なる能《あた》はずとも、泰《たい》を去《さ》り甚《じん》を去《さ》り、之《これ》を學《まな》びて知《し》る所《ところ》、施《ほどこ》して達《たつ》せざる無《な》し。

世人書《せじんしよ》を讀《よ》みて、但能《ただよ》く之《これ》を言《い》ひて、之《これ》を行《おこな》ふ能《あた》はず、武人俗吏《ぶじんぞくり》の、共《とも》に嗤詆《ちてい》する所《ところ》は、良《まこと》に是《これ》に由《よ》るのみ。

又數十卷《またすうじつくわん》の書《しよ》を讀《よ》み、便《すなは》ち自《みづか》ら高大《かうだい》にして、長者《ちようじや》を凌忽《りようこつ》し、同列《どうれつ》を輕慢《けいまん》し。人之《ひとこれ》を疾《にく》む讐敵《しうてき》の如《ごと》く、之《これ》を悪《にく》む鴟梟《しけう》の如《ごと》き有《あ》り。此《かく》の如《ごと》きは、學《がく》を以《もつ》て益《えき》を求《もと》めて、今反《いまかへ》りて自《みづか》ら損《そん》す。學《まな》ぶ無《な》きに如《し》かざるなり。

〔大意〕

『顔氏家訓《がんしかくん》』に言う。いったい、書物を読み、道理を尋ねて学問するのは、本来、心を開発し、物事を見究められるようにして、自分の行ない実践のよろしきを得るに役立たせようとするにほかならない。

そこで、たとえば人の子として、親に孝養する心得を未だ知らない者は、古人が、親の意向をあらかじめ察知し、親の表情によってその欲するところに順応し、自分の声音をやわらげ、気色をおだやかにして奉仕し、親のためには一切の苦労をいとわずに、その好物を求めもたらした有様を学び知って、初めて自分の不心得に気付いて、驚き、恥じおそれ、心を入れ替えて古人と同様の孝養を行なうようになりたいと反省するのである。

そこでまた、臣下として主君に事える心構えをわきまえた者は、古人が、自分の職責を堅持して、しかも他人の職分を侵すことなく、主君の危難に際しては、自分の生命をも投げすてて惜しまず、また正心誠意をもって主君の過失を諌めて、国家の利益のために図った有様を学び知って、初めて古人の生き方に深く感じ入って反省し、自分もまた、これにならって臣下としての職責・本分を尽くしたいと念願するようになるのである。

他方また、平素から、おごり誇って奢侈な生き方をしている者は、古人が礼節をうやうやしく守り、生活態度を慎み、財用を節約して、自分から謙遜して（へりくだって）、礼節は教化の根本、恭敬は身を保持する基礎であることを学び観て、今までの驕奢《きょうしゃ》の誤りに呆然自失してしまい、自分の生き方在り方をひきしめ、驕奢を求める心意を抑制しようとするのである。

更にまた、平素から、心いやしく財をおしむ者は、古人が徳義を重んじて、利財の得失をかえりみず、公正にして私欲を少なくしようと努め、物が盈《み》ちればあふれ、満ちる時はくつがえってしまうことを忌み嫌い、困窮する人びとを見て自分の余財をもって救済するのを学び観て、今までの自分の心いやしく財をおしんだことを悔いかつ恥じて、財貨を集積してそれをよく散財し、施そうとするようになるのである。

そしてまた、平素から横暴で気の荒い性格の者は、古人が細心の注意をはらって自分を卑下し、強固な歯の方が先に駄目になって、柔軟な舌の方が長持ちすることを忘れず、物事のよごれたところやいやなところを自分から引き受けて我慢し、更に、賢人を尊敬し大衆を包容する姿勢に学んで、今までの横暴で気の荒い性分が、すっかり消え滅んで、身にまとう衣服にも耐えられないほど弱々しく落ち込み謹慎するのである。

一方また、平生から懦弱《だじゃく》でいくじのない者は、古人が、生死の理に通達し、天命を俟って生死をまかせ、それ故に道を守って忍耐強く、発言は信を守って変えず、曲ったことをして幸いを求めることなく、正々堂々と幸いを享受する態度に接して、つよく奮励発憤して、いかなる急難をも恐れおののくまいとするのである。

以上、六つの例を採り上げたが、それ以外のすべての行為は、皆同様で、古人に学んで強めはげむべきで、たとえ、古人のように完璧にできないとしても、極端に悪い所は除去するようにすれば、古人に学び知り得た所は、実践して成果を得られるのである。これが読書の効用にほかならない。

ところが、世の人々の中には、せっかく読書しても、学び知ったことを実行せず、その知識は言うのみで、行なわない。つまり言行が一致しないために、学問していない武人や俗吏から笑われそしられてしまうのである。

他方また、数十巻の書物を読んで、思いあがってお高くとまり、目上のものも淩《しの》ぎおろそかにして、同輩も軽んじあなどる者がある。このような者は、人から讐敵《しゅうてき》のようにくまれ、鴟梟《しきょう》のように嫌われるものである。

このようなことでは、学問によって益を得ようとしながら、今反って自分を損なうのが落ちで、これではむしろ、学問をしない方がよいことになるのである。

＊出典は、『顔氏家訓』勉学篇であるが、本文と比較して、多少の文字の相違が見られる。北斉の顔之推（五八一～六四五）の家訓。

＊心を開き目を明らかにす…心のふさがったところをひらき、目のおおわれたところを明らかにすること。一説には、心を開くとは知識を博くすること。目を明らかにするとは、見識を高くすること、という。

＊意に先《さきだ》ち顔を承《う》け…意は親の意向、顔は親の顔色。先ちとは、親の命ずるを待たず、その前に

それを悟って対応する意。

＊声を怡《よろこ》ばせ気を下《くだ》し…気・声は自分の気色と音声。怡はやわらげること、下はおだやかにすること。『礼記』曲礼篇に見える語。

＊甘腝《かんなん》を致す…甘腝は、あまくやわらかい飲食を作り、すすめる。

＊起《た》って之を行う…起は、奮起すること。

＊侵すこと無く…職分以外のことに手を出さないこと。

＊危きを見ては命を授け…『論語』子張篇には「士、危を見ては、命を致す」と見える。

＊誠諌《せいかん》…まことをつくしていさめること。

＊惻然《そくぜん》として自ら念じ…古人の行為の真実さに強く打たれて、自分で感念すること。

＊卑うして以て自ら牧《やしな》ひ…卑下して自らわが事をはからって、おごりたかぶることをしない意。『易経』謙の卦に「君子は卑以て自ら牧す」と見える。

＊瞿然《くぜん》として自失し…瞿然は、自失の貌。自失は、物におどろいて、自らたもつ所を取り失ってしまう様。自信を失う様子。

＊鄙悋《ひりん》…いやしくけち。悋は、財をおしむこと、けちんぼ。

＊義を貴ぶ…義は徳義、人のために自分の財利の得失をかえりみないこと。

＊私を少くし…『老子』に「素を見、樸を抱き、私を少くし、欲を寡くす」とあるのに本づく。私欲を抑制すること。
＊盈《み》つるを忌み満つるを悪み…財貨が盈満《えいまん》する時は、必ずわざわいが来るものなので、これをいみにくむ古人の姿勢。
＊窮せるを賙《にぎ》はひ…盈ち満てるを欠きて、足らざるを補うは、天道の自然であり、故に人の困窮貧乏なるを見て、自分に余財がある時は、必ず、これを補充し、あわれみ、すくうこと。
＊赧然《たんぜん》…恥じて顔を赤くするさま。赤面。
＊積みて能く散ず…財貨を積んでも、よくこれを散じて、ほどこし用ること。『礼記』曲礼篇に見える語。
＊暴悍《ぼうかん》…気性が荒く横暴なこと。
＊小心…細心。
＊己を黜《しりぞ》け…己をしりぞけてへりくだる。自分を卑下し、謙遜する。
＊歯弊《やぶ》れ舌存《そん》し…『老子』の言葉。
＊垢《こう》を含み疾《しつ》を蔵《ぞう》し…『老子』に「聖人云ふ、国の垢を受くる、これを社稷の王と謂ふ。国の不祥を受くる、これを天下の王となす」と見える語を下敷きにしている。垢は、きたないもの、

含は、それを自分の中に我慢してもつこと。疾は、老子の不祥に当たる。よくないところ、苦しいことの意。蔵もそれを自分の中にもって堪え忍ぶこと。

＊茶然《でつぜん》…沮喪《そそう》（消え滅ぶ）、疲困（疲れ果てる）る様子。気落ちするさま。

＊生に達し命に委《い》し…生死の理に通達し、生死を天命にまかせる。

＊泰を去り甚を去り…泰・甚ともに、はなはだしく過度なこと。『老子』に見える語。

＊嗤詆《ちてい》…嗤は、嘲笑、あざわらうこと。詆は、そしること。

＊凌忽《りょうこつ》…しのぎあなどること。

＊鴟梟《しきょう》…不吉な声の鳥で、悪人の譬《たと》え。

＊學を以て益を求めて…修身・修己上の損益を主眼としている。処世上の損益ではない。

伊川《いせん》先生《せんせい》曰《いは》く、大學《だいがく》は孔子《こうし》の遺書《ゐしょ》にして、初學徳《しょがくとく》に入《い》るの門《もん》なり。今《いま》に於《おい》て古人《こじん》の學《がく》を爲《な》すの次第《しだい》を見《み》る可《べ》きは、獨《ひと》り此《こ》の篇《へん》の存《そん》するに賴《よ》る。而《しか》して其《そ》の他《た》は則《すなは》ち未《いま》だ論《ろん》

孟《まう》に如《し》く者有《ものあ》らず。故《ゆゑ》に學者《がくしや》必《かなら》ず是《これ》に由《よ》りて學《まな》ぶ。則《すなは》ち其《そ》の差《たが》はざるに庶《ちか》からん。

凡《およ》そ語《ご》孟《まう》を看《み》るには、且《か》つ須《すべから》く熟讀《じゆくどく》玩味《ぐわんみ》し、聖人《せいじん》の言語《げんご》を將《もつ》て己《おのれ》に切《せつ》にすべし。只《ただ》、一場《いちぢやう》の話說《わせつ》とのみ作《な》す可《べ》からず。此《こ》の二書《にしよ》を看得《みえ》て己《おのれ》に切《せつ》にせば、身《み》を終《おわ》りて儘《きは》めて多《おほ》からん。

論語《ろんご》を讀《よ》む者《もの》は、但《ただ》弟子《ていし》の問《と》ふ處《ところ》を將《もつ》て、便《すなは》ち己《おのれ》が問《とひ》と作《な》し、聖人《せいじん》の答《こた》ふる處《ところ》を將《もつ》て、便《すなは》ち今日《こんにち》の耳聞《じぶん》と作《な》さば、自然《しぜん》に得《う》る有《あ》らん。若《も》し能《よ》く論《ろん》・孟中《まうちゆう》に於《お》いて、深《ふか》く求《もと》めて玩味《ぐわんみ》し将《も》ち来《きた》り涵養《かんよう》し成《な》らば甚《まこと》に氣質《きしつしやう》を生ぜん。

〔大意〕

程伊川先生言う。『大学』は孔子の家に遺された書物で、初めて道を学び徳を得ようと志す者の入門に適《ふさ》わしいものである。今でも古人の学問の順序がわかるのは、ただこの書物が存在するお蔭である。そしてそのほかでは、『論語』『孟子』に及ぶものはない。そこで学ぼうとする者は、必ず『大学』から入門し、『論語』『孟子』に及ぶと、こう順序をふんで行けば、概ね、間違いないといえよう。

そもそも、『論語』『孟子』を読み込むには、熟読して内容を玩味《がんみ》し、聖人の言葉を、自分自身のことと切実に受けとめなければならない。ただ単に、聖人がその時その場でした訓話に過ぎず、自分には関係ないものと看做《みな》してはならない。もしこの両書をよく読み込んで、その内容を自分自身のこととして切実に会得して行けば、生涯にわたって得る所が極めて多大であろう。

『論語』を読む場合は、弟子の質問を自分の質問と考え、孔子の答えを、自分自身が現在、この耳で聞き取っていると考えれば、自然に会得するところがあろう。もしもこのように心がけて『論語』『孟子』中の教えの内容を深く探求し味わって行くことができれば、どんなにか善良な気質が、涵養《かんよう》されることであろう。

＊出典…唐彦思『伊川雑録』による。
＊己に切にす…切は切実。現在の自分自身に関することと考える。
＊将ち来らば…動作の継続を示す。

呂氏童蒙訓《りよしどうもうくん》に曰《いは》く、今日《こんにち》一事《いちじ》を記《しる》し、明日《みやうにち》一事《いちじ》を記《しる》し、久《ひさ》しければ則《すなは》ち自然《しぜん》に貫穿《くわんせん》す。今日《こんにち》一理《いちり》を辨《べん》じ、明日《みやうにち》一理《いちり》を辨《べん》じ、久《ひさ》しければ則《すなは》ち自然《しぜん》に浹洽《せふかふ》す。今日《こんにち》一《いつ》の難事《なんじ》を行《おこな》ひ、明日《みやうにち》一《いつ》の難事《なんじ》を行《おこな》ひ、久《ひさ》しければ則《すなは》ち自然《しぜん》に堅固《けんご》なり。

渙然《くわんぜん》として冰釋《こほりと》け、怡然《いぜん》として理順《りしたが》ひ、久《ひさ》しくして自《みづか》ら之《これ》を得《う》。偶然《ぐうぜん》には非《あら》ざるなり。

〔大意〕

『呂氏童蒙訓《りょしどうもうくん》』に言う。今日、一事を記憶し、明日、一事を記憶するという様に、久しく知識を蓄積してゆくと、自然に一切の事物が脈絡《みゃくらく》を有し、一貫して理会されるようになる。今日、一理を弁別し、明日、一理を弁別するという様に、理を弁別する工夫を積み重ねてゆくと、自然に道理が心にしみ入って、心と一つになって来る。今日、一難事を行い、明日、一難事を行うという様に、難事の実践を重ね続けてゆくと、自然に意志が堅固になって来る。

このようにして、すべての疑念や困難が、張りつめた氷が解ける様に解け散って、心意の欲するところが、道理と一致する様な心満ちて安らかな境地は、久しい修練蓄積（致知力行）の結果として自然に得られるので、このような努力なくして偶然に達成されて来るものではない。

＊『呂氏童蒙訓』三巻、呂本中撰。宋史に依れば、呂本中、字は居仁、元祐年間の宰相。累世大官の出た名門の出身。

＊貫穿《かんせん》…つらぬくこと。すべての事物が相関連し、一貫してわかること。

＊辨…是非を弁別する。

＊浹洽《しょうこう》…ひたすこと。物を水中にひたして久しくなれば、内までしみとおる様に、心にしみわたって来ること。

＊渙然《かんぜん》…解け散るさま。

＊冰釋…氷のようにとける。

＊怡然《いぜん》…よろこぶ意。心たのしむさま。

＊理順ふ…心意の欲する所が理のとおりであること。

＊この文の主旨は、朱子の学問の方法論が、着実な努力の積み重ねを主にすることと同じ考え方である。

前輩《ぜんはい》嘗《かつ》て説《と》く、後生《こうせい》、才性《さいせい》人《ひと》に過《す》ぐる者《もの》は、畏《おそ》るるに足《た》らず。惟《ただ》書《しよ》を讀《よ》みて尋思《じんし》推究《すゐきう》する者《もの》、畏《おそ》る可《べ》しと爲《な》るのみ、と。又《また》云《い》ふ、書《しよ》を讀《よ》むは只《ただ》尋思《じんし》を怕《おそ》る、と。蓋《けだ》し義《ぎ》理《り》の精深《せいしん》なる、惟《ただ》尋思《じんし》し意《い》を用《もち》ひてのみ、以《もっ》て之《これ》を得《う》可《べ》しと爲《な》す。鹵莽《ろまう》にして煩《はん》を厭《いと》ふ者《もの》、決《けつ》して成《な》る有《あ》るの理《り》無《な》し。

〔大意〕
かつて先輩が説かれたことであるが、若い学徒のうちで、天与の才能や性質をもった者は、畏れるに足りない。他方、ひたすら読書してその義理を深く思索し、道理を更に追究する者こそ、畏るべき者である。

更にまた言う。読書では、尋思《じんし》ということが際立って難しいものだ。思うに、聖賢の書の中の語は、精しく深い義理が含まれているので、ただひたすら、その意味を考え、自分の心で思索工夫してみて、初めて理解できるものなのである。学ぶに当たって、粗略で心を尽くさず、尋思推究《すいきゅう》を煩わしいと考える者では、決して学問が達成できるはずはない。

＊前輩…先輩。昔は、先輩を前輩と表現した。
＊才性…才能と性質。
＊推究…推は、推し進めること。既得《きとく》の理解に基づいて、道理の一層深い所を求めていくこと。
＊尋思を怕《おそ》る…怕るは、非常に大切でしかも難しい意。
＊義理…人の道、物事の理。
＊意を用ひ…思索工夫すること。
＊鹵莽《ろもう》…粗略にして心を用いないこと。心の用い方が粗雑なこと。

一

明道先生《めいどうせんせい》曰《いは》く、道《みち》の明《あきら》かならざるは、異端之《いたんこれ》を害《そこな》ふなり。

昔《むかし》の害《がい》は近《ちか》くして知《し》り易《やす》く、今《いま》の害《がい》は深《ふか》くして辨《べん》じ難《がた》し。昔《むかし》の人《ひと》を惑《まど》はすや、其《そ》の迷暗《めいあん》に乘《じょう》ず。今《いま》の人《ひと》に入《い》るや、其《そ》の高明《かうめい》に因《よ》る。自《みづか》ら之《これ》を神《しん》を窮《きは》め化《くわ》を知《し》ると謂《い》へども、以《もつ》て物《もの》を開《ひら》き務《つとめ》を成《な》すに足《た》らず。言《げん》、周徧《しうへん》ならざる無しと爲《な》すも、實《じつ》は則《すなは》ち倫理《りんり》を外《ほか》にす。深《ふか》きを窮《きは》め微《かすか》なるを極《きは》むれども、以《もつ》て堯《げう》・舜《しゅん》の道《みち》に入《い》る可《べ》からず。天下《てんか》の學《がく》、淺陋固滯《せんろうこたい》に非《あら》ざれば、則《すなは》ち必《かなら》ず此《ここ》に入《い》る。

道《みち》の明《あきら》かならざりしより、邪誕妖妄《じやたんえうばう》の説競《せつきそ》ひ起《おこ》り、生民《せいみん》の耳目《じもく》を塗《と》し、天下《てんか》を汚濁《をだく》に溺《おぼ》らし、高才明智《かうさいめいち》と雖《いへど》も、見聞《けんぶん》に膠《かう》し、醉生夢死《すゐせいむし》して、自《みづか》ら覺《さと》らざるなり。是《こ》れ皆正路《みなせいろ》の蓁蕪《しんぶ》、聖門《せいもん》の蔽塞《へいそく》なり。之《これ》を闢《ひら》きて而《しか》る後《のち》、以《もつ》て道《みち》に入《い》る可《べ》し。

〔大意〕
程明道《ていめいどう》先生の行状の語に言う。聖人の道が世に知る者少くて明らかでないのは、異端すなわち聖人の道に異なった主張が妨害しているからにほかならない。ところで昔の異端、つまり楊子《ようし》・墨子《ぼくし》などの説は、為我・兼愛など身近で現実的な主張なので、真相がわかり易かったが、今の異端、つまり釈仏の教えの害は、深遠微妙で、その是非をわきまえ難いのである。

いわば、昔の異端が人を惑乱《わくらん》したのは、人びとの迷暗に便乗してのことであったのに対して、今の異端は、むしろ人びとの高明な資質に便乗して心に喰い入ってしまうのである。

今の異端、釈仏の教えは、造化、つまり万物の生成化育の消息に通暁していると自ら称してはいるが、実際には、事物を成長成就させるには、何ら役に立つ力を持っていない。

更にまた、その教説・行動は、あまねくゆきわたって普遍的真理であると説いているが、実際には、人の道、つまり倫理を除外して捨ててしまっているので、人倫、人の道を解決するには足らない。

その論理は、深奥微妙を極めて説明しているが、これでは、堯・舜の道、すなわち人道・倫理に立つ、高大中正な道に到達することはできない。

ところが現今の天下の学術を志す者は、浅陋《せんろう》つまり浅くいやしい類、或は、固く滞る類、例えば、刑名術《けいめいじゅつ》 数記誦《すうきしょう》の学のような学問以外は、皆、深奥微妙に見える釈仏の教えに流れ入る状態である。

聖人の道が明らかでなくなってしまってから、不正なものや内容のないもの、あやしげで道理に外れる諸説が、相次いで起り、それらのために、世の人民は、耳目を塞がれ、耳による聡、目による明、つまり聡明の智をくらまされてしまい、天下を汚濁の流れに溺れさせてしまったといえよう。

そこで、才の高く、知の明らかな人でさえ、誤った見聞に拘泥して、正しい人の道を知らないままに、まるで酔生夢死の譬《たと》えのように、一生を無自覚のままに過ごしてしまうことになる。

これらの異端の説は、正しい人道に雑草を生い茂らせ、荒蕪にして、聖人の道に入る門を蔽《おお》い塞いでしまうものである。従って、これらの雑草を刈払い蔽塞《へいそく》を撤去しなくては、聖人の道に踏み入ることはできないのである。

＊出典…『明道先生行状』（程伊川著）による。

＊「嘉言第五」の項は、董仲舒《とうちゅうじょ》の言に始まり程明道の異端論で終っている。主題は「敬身を広む」であった。

＊異端…正統の反対。儒教、つまり聖学を正統とし、これに対立する間違った主張をするものが異端とされる。大むね、楊・墨・老・荘・釈仏を指している。

＊楊子…楊朱《ようしゅ》は、為我を主張した、自分中心主義である。
＊墨子…墨翟《ぼくてき》は、兼愛、つまり無差別博愛を主張した。楊・墨は、正反対の主張で対比され、しかもそれぞれ世に普及していた。
＊老・荘…無為自然を説いて釈仏に近似していたので、仏教に強く影響された。道教は世俗的で、ここでは問題にされていない。
＊昔の害…楊・墨を指す。
＊今の害…主として仏教。朱子も「仏氏は最も精緻にして、人を動かす処あり。彼の説に従うこと愈々深くして愈々人を害す」と言っている。
＊神を窮め化を知る…『易経』繫辞伝下に、「神を窮め化を知るは、徳の盛んなるなり」と見える。
＊物を開き務を成す…『易経』繫辞伝上に「夫れ易は、物を開き務を成し、天下の道を冒《おお》ふ」と見える。「開物成務」は、万物を発生し、行動させ、その行動の目的または意義を完成させること。
＊言、周偏《しゅうへん》ならざる無しと為すも…この条の読み方は、「言為、周偏ならずということ無けれども」とも読む説もあり。言為とは、一般に言う所、為す所と解している。つまり人の言行の意

である。

＊倫理を外《ほか》にす…人の道、つまり三綱五常を廃し除外してしまうこと。三綱五常とは、儒教で社会の根本となる三つの大綱、すなわち君臣の義、父子の親、夫婦の別の道、及び人の常に守るべき五つの道徳、仁・義・礼・智・信（又は、父は義、母は慈、兄は友、弟は恭、子は孝とする『書経』の説、もしくは、父子の親、君臣の義、夫婦の別、長幼の序、朋友の信とする『孟子』の説等）がある。

＊堯・舜の道…元来、聖人の道の意。ここでは正しい人道、人倫の道を意味している。

＊天下の学…天下の学術、ここでは、天下の学術を志す者の心意を意味している。

＊邪誕妖妄《じゃたんようぼう》の説…浅陋は、あさくいやしい、固滞《こたい》は、かたくとどこおるの意。いわゆる異端は、皆これに属する。誕は言の大にしてまことならず、つまり、実質内容の無いことで釈老を指し、妖妄は、道教の教え。

＊耳目を塗《と》し…塗り込めて、ふさぐこと。

＊見聞に膠《こう》し…拘束されて動きのとれないようになること。

＊蓁蕪《しんぶ》…茂る雑草。蕪は荒れ果てる。異端が雑草のように生い茂り、荒れ果てたようにしてしまうので、人の正路がどこなのか途惑うようになるという譬《たと》え。

＊蔽塞《へいそく》…おおいふさぐこと。聖学の門戸を蔽《おお》い塞いでしまうもの。

善行第六

○漢代以来の賢者の行なった善行を記して、立教・明倫・敬身を実証しようとするものである。

明道先生《めいだうせんせい》朝廷《てう》に言《い》ひて曰《いは》く、天下《てんか》を治《をさ》むるは、風俗《ふうぞく》を正《ただ》し、賢才《けんさい》を得《う》るを以《もつ》て本《もと》と爲《な》す。宜《よろ》しく先《ま》づ近侍《きんじ》の賢儒《けんじゆ》、及《およ》び百執事《ひやくしつじ》に禮命《れいめい》し、心《こころ》を悉《つく》して推訪《すゐはう》し、徳業充備《とくげふじゆうび》して、師表《しへう》たるに足《た》る者有《ものあ》り、其《そ》の次《つぎ》は篤《あつ》く志《こころざ》して學《がく》を好《この》み、材良《ざいりやう》にして行修《おこなひをさ》まる者有《ものあ》らば、延聘《えんへい》・敦遣《とんけん》して、京師《けいし》に萃《あつ》め、朝夕相與《てうせきあひとも》に正學《せいがく》を講明《かうめい》せしむ。

其《そ》の道《みち》は必《かなら》ず人倫《じんりん》に本《もと》づき、物理《ぶつり》を明《あきら》かにし、其《そ》の敎《をしへ》は小學《せうがく》の灑掃《さいさう》・應對《おうたい》より以往《いわう》、其《そ》の孝悌《かうてい》・忠信《ちゆうしん》を修め・禮樂《れいがく》に周旋《しうせん》し其《そ》の誘掖《いうえき》・激勵《げきれい》し、漸摩《ぜんま》して成就《せいしう》する所以《ゆゑん》の道《みち》、皆節序有《みなせつじよあ》り。其《そ》の要《えう》は善《ぜん》を擇《えら》びて身《み》を修《をさ》め、天下《てんか》を化成《くわせい》するに至《いた》るに在《あ》り、郷人《きやうじん》よりして聖人《せいじん》に至《いた》るに可《べ》きの道《みち》なり。

其《そ》の學行《がくかう》皆是《みなこれ》に中《あた》る者《もの》を成德《せいとく》と爲《な》し、材識明達《さいしきめいたつ》にして善《ぜん》に進《すす》む可《べ》き者《もの》を取《と》りて、日《ひ》に其《そ》の業《げふ》を受《う》けしめ、其《そ》の學明《がくあきら》かに德尊《とくたか》き者《もの》を擇《えら》びて、大學《だいがく》の師《し》と爲《な》し、次《つぎ》は以《もつ》て天下《てんか》の學《がく》に分敎《ぶんけう》せしむ。

士《し》を擇《えら》びて學《がく》に入《い》れ、縣《けん》より之《これ》を州《しう》に升《あ》げ、州《しう》より大學《だいがく》に賓興《ひんこう》し、大學《だいがく》聚《あつ》めて之《これ》を敎《をし》ふ。歲《とし》ごとに其《そ》の賢者《けんじや》・能者《のうしや》を朝《てう》に論《ろん》ず。

凡《およ》そ士《し》を選《えら》ぶの法《はふ》は、皆性行端潔《みなせいかうたんけつ》、家《いへ》に居《を》りて孝悌《かうてい》、廉恥《れんち》にして禮讓《れいじやう》有《あ》り、學業《がくげふ》に通明《つうめい》し、治道《ちだう》に曉達《げうたつ》する者《もの》を以《もつ》てす。

〔大意〕

程明道《ていめいどう》先生が朝廷に奉った意見書に言う。天下を治めるには、風俗を正し、賢才を得るのが、根本である。そのためには、先ず以て側近の賢儒及び諸々の官僚に優詔を下して、それぞれ心を尽くして賢才ある人物を探し尋ね求めさせ、先ず第一には、徳行・学業共に充分に備わり、人の師範となるに足る者を、それに次いでは、先王の道に志し聖賢の学を愛好し、その天賦の資質に恵まれた人物で、修行を重ねた者などを、礼を厚くして招聘し、併せて地方官に命じて丁重に中央に派遣させて、みな都に集め、これらの人物を優遇し、朝に夕に、聖賢の正大の学術を講究し、明らかにするよう努めさせるのがよい。

この正大な学術とは、必ず人倫に基づいて、一切の物事の道理を明らかにすることである。その教えは、先ず、小学の説く掃除・応対の作法に始まり、更に、それぞれの孝悌・忠信を修め、礼楽を周旋するものであり、それを成就するためには、これを誘導し、激励し、互いに切磋琢磨し合う等、すべて適切なやり方と手順とが必要なのである。中でもその要諦となるものは、自ら至善となすべき所を明らかにして、それを堅持し、己が身を修めることから、天下の人びとを感化して正しい風俗を確立することに及ぶことである。すなわち、誰でも一郷人から聖人に為り得る、あの堯舜の道を講究し明らかにすることに在る。

これらの人材の中でも、学問・徳行ともに、右掲の規準に合う人物を徳行を達成した者と見做し、それに次いで、才能・識見に秀でて、善に進み得る人物を選んで、日々、徳行を達成した者について学ばせ、次に、学問に明るく、徳行に秀でた人物を選んで大学の師とし、その次の者は、天下の各学校に分けてそれぞれ教師として派遣する。

次に、士を選抜して学校に入れるには、各県から推せんして州に挙げ、各州から中央の大学に推挙する。大学においては、これを集めて教育して、毎年一度、大学中の賢れた人物、有能な人物を朝廷で評価・選定して、選士とする。選士は任官の資格が与えられるが、その選士の認定には、すべて、性格・行動が端正・清潔なこと、家にあっては孝悌であること、廉恥を忘れず、礼譲を心得ていること、更には、学業に明通し、治道に暁達《ぎょうたつ》していることが、必須の要件である。

＊出典…『二程全書』巻五十五、「学校を修め、師儒を尊び、士を取らんことを請ふの箚子」の

抜粋。

＊百執事…百官。諸官僚。
＊礼命…懇篤《こんとく》な詔《みことのり》を下しての命令。
＊推訪…出かけて探し求めること。
＊延聘《えんぺい》・敦遣《とんけん》…朝廷から招聘し、州県から礼をもって派遣すること。
＊漸摩《ぜんま》…漸はひたすこと、だんだんとの意。摩は磨に同じ。交友により、自然に成就すること。
＊郷人…郷里の常人。
＊賓興《ひんこう》…郷飲酒の礼の時、俊秀者を大学に推挙すること。『周礼』郷大夫の項に見える語。

明道先生《めいだうせんせい》の人《ひと》を敎《をし》ふる、致知《ちち》より知止《ちし》に至《いた》り、誠意《せいい》より平天下《へいてんか》に至《いた》り、灑掃《さいさう》・應對《おうたい》より窮理《きゆうり》・盡性《じんせい》に至《いた》る、循循《じゆんじゆん》として序有《じよあ》り。世《よ》の學者《がくしや》の、近《ちか》きを捨《す》てて遠《とほ》きに趨《はし》り、下《ひく》きに處《を》り

て高《たか》きを闚《うかが》ふを病《や》む。輕《かろがろ》しく自《みづか》ら大《だい》なりとして、卒《つひ》に得《う》ること無《な》き所以《ゆゑん》なり。

〔大意〕
程明道《ていめいどう》先生は、人を教えるに当っては、学習の順序を間違わないように指導した。つまり、致知すなわち事物の理を究めて天与の良知を実現することに始まり、知止すなわち知を完成させて至善に止まるに到る順序、誠意すなわち意を誠にすることに始まり、平天下すなわち天下を平らかにする大業に到る順序、灑掃《さいそう》・応対すなわち『小学』の子弟の作法の実習に始まり、『大学』で教える窮理・尽性すなわち性・理を究め尽くす境地に到る順序に則って指導したのである。

先生は、世の学者が、この順序に従わず、卑近な事柄を捨てて、いきなり高遠な事柄に趨《おもむ》く傾向、実際には卑近な所にありながら、高遠な境地に達したように思い込んで、己れの力を過大視して、結局は成功し得ない風潮を憂慮していたのである。

呂榮公《りよけいこう》、少《わか》きより官守《くわんしゆ》の處《ところ》、未《いま》だ嘗《かつ》て人《ひと》の擧薦《きよせん》を干《もと》めず。其《そ》の子《こ》舜從《しゆんじゆう》、官《かん》を會稽《くわいけい》に守《まも》る。人《ひと》其《そ》の知《ち》を求《もと》めざるを識《そし》る者《もの》あり。舜從《しゆんじゆう》對《こた》へて曰《いは》く、職事《しよくじ》に勤《つと》め、其《そ》の他《た》は敢《あへ》て慎《つつし》まずんばあらず。乃《すなは》ち知《ち》を求《もと》むる所以《ゆゑん》なり、と。

〔大意〕
呂榮公《りよけいこう》は、若い時から、官職を得るために、人の推挙を依頼したことがなかった。その二番目の子の舜従も、この風を守って会稽で奉職していた時に、ある人から、もっと人に知られるようにつとめなければならないのにと譏《そし》られたのに対して、「自分は、所掌の事柄に精励する以外のことについては、慎み深くしています。このことが、即ち知を求めるゆえん、つまり人に知られるように努めるということに他ならないことだと思うのですが」と対えた。

＊出典…『呂氏童蒙訓』による。
＊呂滎公《りょけいこう》…呂希哲のこと。滎陽郡公に封ぜられたので、滎公という。司馬光の協力者。
＊干《もと》めず…干は、強く求めること。
＊対へて曰く…対は、目上の者にこたえる意。

疏廣《そくわう》、太子《たいし》の太傅《たいふ》たり、上疏《じやうそ》して骸骨《がいこつ》を乞《こ》ふ。黄《わう》金《ごん》二十斤《にじつきん》を加賜《かし》す。太子《たいし》は五十斤《ごじつきん》を贈《おく》れり。郷里《きやうり》に帰《かへ》りて、日《ひ》に家《いへ》をして具《ぐ》を供《そな》へ、酒食《しゆし》を設《まう》けしめ、族人《ぞくじん》・故舊《こきう》・賓客《ひんかく》を請《こ》ひて、相與《あいとも》に娯樂《ごらく》し、數〻《しばしば》其《そ》の家《いへ》に金《きん》の餘《あまり》は尚《な》ほ幾斤《いくきん》有《あ》るかと問《と》ひ、趣《うなが》し賣《う》りて以《もつ》て具《ぐ》を共《そな》ふ。

居《を》る歳餘《さいよ》、廣《くわう》が子孫《しそん》竊《ひそか》に其《そ》の昆弟老人《こんていらうじん》の廣《くわう》が信愛《しんあい》する所《ところ》の者《もの》に謂《い》ひて曰《いは》く、子孫《しそん》、君《きみ》が時《とき》に及《およ》びて、頗《すこぶ》る産業《さんげふ》の基址《きし》を立《た》てんを冀《こひねが》ふ。今《いま》、日《ひ》に飲食《いんしよく》の費《ひ》、且《かつ》盡《つ》く。宜《よろ》しく丈人《ちやうじん》より勸《すす》め所《ら》れ、君《きみ》に、田《でん》宅《たく》を置《お》くことを説《と》くべし、と。老人《らうじん》即《すなは》ち閒暇《かんか》の時《とき》を以《もつ》て、廣《くわう》の爲《ため》に此《こ》の計《けい》を言《い》ふ。

廣《くわう》曰《いは》く、吾《われ》豈《あに》老悖《らうはい》して子孫《しそん》を念《おも》はざらんや。顧《おも》ふに、自《おのづか》ら舊田盧《きうでんろ》有《あ》り。子孫《しそん》をして其《そ》の中《うち》に力《ちから》を勤《つと》めしめば、以《もつ》て衣食《いしよく》を共《きよう》するに足《た》る。凡人《ぼんじん》と齊《ひと》し。今《いま》復《ま》た之《これ》を増益《ぞうえき》して、以《もつ》て贏餘《えいよ》を爲《な》さば、但《ただし》子孫《しそん》に怠《たい》惰《だ》を教《をし》ふるのみ。賢《けん》にして財多《ざいおほ》ければ、則《すなは》ち其《そ》の志《こころざし》を損《そん》す。愚《ぐ》にして財多《ざいおほ》ければ、則《すなは》ち其《そ》の過《くわ》を益《ま》す。且《か》つ夫《そ》れ、富《とみ》は衆《しゆう》の怨《うらみ》なり。吾既《われすで》に以《もつ》て子孫《しそん》を教化《けうくわ》する無《な》きも、其《そ》の過《あやまち》を益《ま》して怨《うらみ》を生《しやう》ずるを欲《ほつ》せず。又此《またこ》の金《きん》は、聖主《せいしゆ》の老臣《らうしん》を恵養《けいやう》する所以《ゆゑん》なり。故《ゆゑ》に、郷黨《きやうたう》・宗族《そうぞく》と共《とも》に其《そ》の賜《し》を享《う》くるを樂《たの》しんで、以《もつ》て吾《わ》が餘日《よじつ》を盡《つく》す。亦可《またか》ならずや、と。

〔大意〕

疏広《そこう》は、漢の宣帝の時に、太子（後の元帝）の太傅《たいふ》となり、数年の後、辞職を願い出て許され、その折に天子から黄金二十斤《きん》を加賜され、皇太子から五十斤を贈られた。

疏広は、郷里に帰ると、毎日、家人に饗応の仕度をさせ、酒や飯を準備し、同族の人びとや古い知り合い、それに家に賓客となっている人たちを招いて、宴会を催し、一緒に楽しんだ。

そして度たび、家人に黄金の余分は、まだどの位あるかと尋ねては、督促してこれを売り払って饗応の仕度・用意をさせた。

こうして、一年あまり経つと、疏広の子孫が、ひそかに同族の兄弟で疏広に信愛されている老人に、「子孫のわれわれとしては、親の時代に大いに財産の基盤を作っておいてもらいたいと願っています。ところが、毎日飲食して、黄金も、間もなく使い尽くしてしまうようです。これは、御老人から、親父に説き勧めて、田地や家屋を買い求めさせてもらった方がよいと思います」と依頼したので、老人は、さっそく疏広の暇の時を見はからって、この計画を説き勧めた。

これに対して疏広が言うには、「自分は、耄碌《もうろく》して子孫のことを思わないわけではない。考えてみれば、わが家には、昔からの田畑田宅などがあり、子孫が、この田畑で勤労努力すれば、衣食に困ることもなく、普通の生活はできるはずである。

今、更にこれ以上に財産を増やすのは、子孫に怠惰になれと教えることになってしまう。だいたい、賢明な人でも、財が多くなると、立派な志を損うことになるものだし、愚人が財を多く持つと、その過失が多くなるものである。且つまた、富というものは、衆人の怨みのもとになり易い。

自分には、もう子孫を教化する力はないけれども、せめて、過失を益し、衆人の怨みをまねくようなことは、したくない所だ。

だいたい、この黄金は、天子が老臣を労わり養ってやろうと下賜されたものであるから、その恩賜を郷党・宗族の人びと一緒に享受して楽しみ、余生を尽くすことができれば、それで大いに可《よ》いではないか」と。

＊出典…『漢書』巻七十一列伝より。
＊疏広《そこう》…字は仲翁、東海蘭陵の人。春秋学に明るく、徴されて博士・中大夫となったが、宣帝が皇太子を立てる時（前六七）少傅となり、数か月で太傅となった。太傅は秩二千石。
＊骸骨《がいこつ》を乞ふ…退官を願い出ること。主君に仕えるのは、一身を献ずることであったので、その骸骨だけでもお下げ願いたいと乞うのである。
＊具を供…用意して仕度する。

＊昆弟老人…一族兄弟。
＊産業…財産のこと。
＊丈人…老人の尊称。目上の老人に用いる。
＊老悖《ろうはい》…年をとってぼける。老いぼれる。
＊贏餘《えいよ》…余り、余分。剰余。
＊富は衆の怨なり…富を多くもつことは、多勢のひとから怨まれる原因となる。疏広の言葉として後世に伝えられている。

楊震《やうしん》の擧《あ》ぐる所《ところ》の荊州《けいしう》の茂才《もさい》王密《わうみつ》、昌邑《しやういふ》の令《れい》となり。謁見《えつけん》し、金十斤《きんじつきん》を懐《ふところ》にして以《もつ》て震《しん》に遺《おく》る。震曰《しんいは》く、故人《こじん》君《きみ》を知《し》る。君《きみ》、故人《こじん》を知《し》らざるは何《なん》ぞや、と。密曰《みついは》く、莫夜《ぼや》、知《し》る者《もの》無《な》し、と。震曰《しんいは》く、天知《てんし》る、神知《しんし》る、我知《われし》る、子知《しし》る。何《なん》ぞ知《し》

──る無《な》しと謂《い》はんや、と。密愧《みつは》ぢて去《さ》る。

〔大意〕
楊震《ようしん》が、荆州の刺史《しし》から東萊の太守に異動して移る時、かつて茂才《もさい》に挙げた荆州の王密《おうみつ》が、ちょうど、途中の昌邑《しょうゆう》県令になっていて、楊震の宿舎で謁見し、懐中に持参した黄金十斤を贈ろうとした。楊震は王密に「君の古い知人（である私）は、君の人物を認めて茂才に挙げ用いたのに、君は、君の古い知人の人物を知ってくれないとは何としたことか」と断わったところ、王密は、「夜のことです。誰も知る者はありませんを」といったので、楊震は、「先ず天が知り、神が知り、それに自分が知り、君自身が知っている。どうして知る者がないといえようか」とたしなめたので、王密は恥じて立ち去った。

＊出典…『後漢書』巻八十四。
＊楊震…字は伯起（五〇～一二四）。漢代の名家の出身。『尚書』に造詣深く、博覧で、「関西の孔子」と称えられた。地方の刺史、太守を歴任し、やがて中央に入って三公を歴任した。後漢

の賢臣。「四知」の故事。
＊茂才…秀才を光武帝劉秀の諱《いみな》を避けて茂才と言った。
＊故人…旧知の人。自分のことを言った。

陶侃《たうかん》、廣州《くわうしう》の刺史《しし》と為《な》り、州《しう》に在《あ》りて事無《ことな》ければ、輒《すなは》ち朝《あした》に百甓《ひやくへき》を齋《さい》の外《そと》に運《はこ》び、莫《くれ》に齋《さい》の内《うち》に運《はこ》ぶ。人《ひと》、其《そ》の故《ゆゑ》を問《と》ふ。答《こた》へて曰《いは》く、吾《われ》、方《まさ》に力《ちから》を中《ちゆう》原《げん》に致《いた》す。過爾《くわじ》として優逸《いういつ》す。恐《おそ》らくは、事《こと》に堪《た》へざらん、と。其《そ》の志《こころざし》を勵《はげ》まし力《ちから》を勤《つと》むる、皆《みな》此《こ》の類《たぐひ》なり。

後《のち》、荊州《けいしう》の刺史《しし》と為《な》る。侃《かん》、性聰敏《せいそうびん》にして、吏職《りしよく》に勤《つと》む。恭《きよう》にして禮《れい》に近《ちか》づき、人倫《じんりん》を愛好《あいかう》し、終《しゆう》日《じつ》、膝《ひざ》を斂《をさ》めて危坐《きざ》す。閫外《こんぐわい》多事《たじ》、千緒萬端《せんしよばんたん》なるに、遺漏《ゐろう》有《あ》る罔《な》し。遠近《ゑんきん》の書疏《しよそ》、手答《しゆたふ》せざるは莫《な》く、筆《ひつ》翰《かん》流《なが》るるが如《ごと》く、未《いま》だ嘗《かつ》て壅滞《ようたい》せず。疏遠《そゑん》を引接《いんせつ》して、門《もん》に停客《ていかく》無《な》し。

常《つね》に人《ひと》に語《かた》りて曰《いは》く、大禹《たいう》は聖人《せいじん》なるに、乃《すなは》ち寸陰《すんいん》を惜《を》しめり。衆人《しゆうじん》に至《いた》りては、當《まさ》に分陰《ふんいん》を惜《を》しむべし。豈《あに》逸遊《いついう》荒醉《くわうすゐ》す可《べ》けんや。生《い》きて時《とき》に益《えき》無《な》く、死《し》して後《のち》に聞《きこ》ゆる無《な》きは、是《こ》れ自《みづか》ら棄《す》つるなり、と。

諸《しよ》参《さん》佐《さ》或《あるひ》は談《たん》戯《ぎ》を以《もつ》て事《こと》を廢《はい》する者《もの》は、乃《すなは》ち命《めい》じて其《そ》の酒《しゆ》器《き》蒱《ほ》博《はく》の具《ぐ》を取《と》りて、悉《ことごと》く之《これ》を江《かう》に投《とう》ず。吏《り》将《しやう》には則《すなは》ち鞭《べん》扑《ぼく》を加《くは》へて曰《いは》く、摴《ちよ》蒱《ほ》は、牧《ぼく》猪《ちよ》奴《ど》の戯《ぎ》のみ。老《らう》荘《さう》が浮《ふ》華《くわ》は、先《せん》王《わう》の法《はふ》言《げん》に非《あら》ず、行《おこな》ふ可《べ》からず。君《くん》子《し》は當《まさ》に其《そ》の衣《い》冠《くわん》を正《ただ》し、其《そ》の威《ゐ》儀《ぎ》を攝《おさ》むべし。何《なん》ぞ亂《らん》頭《とう》養《やう》望《ばう》し、自《みづか》ら弘《こう》達《たつ》と謂《い》ふ有《あ》らんや、と。

〔大意〕

陶《とう》侃《かん》は、広《こう》州《しゆう》の刺史であったが、公務の無いときには、常に、朝は居室から百個の煉瓦を外に運び出し、暮れには内へ運び込んでいた。人がその理由を尋ねると、「自分は、中原の地を取り戻すことに尽力しようと思っている。今、事無きままに優《ゆう》游《ゆう》安《あん》逸《いつ》に過ごしていたのでは、志す大事業に堪えられなくなってしまうことを恐れているのだ」と答えた。彼が常に志を励まし、力を出すことに努めていたことの一例である。

後に、荊州の刺史に転任したが、彼は、生まれつき聡明敏捷で、職務に精励し、恭敬で礼に適うように努力して、人びととの間柄を大切にし、終日、膝をそろえて端坐《たんざ》していた。内外の政務は、多事多端《たじたたん》であったが、彼は遺漏なく対処した。諸方面からの手紙・報告上申等に対しては、皆、手づから返事を書いたが、筆致は流れるごとく、とどこおることはなかった。疏遠な人びとにもよく引見し、門外に待つ客人の姿を見なかった。

常に人に向かって、「大禹は聖人でありながら、一寸の光陰をも惜しんだ。凡俗な一般人は、一分の光陰を惜しむべきである。逸楽して遊び怠って、酔っ払うなどは以ての外である。生きて時世に益することなく、死んで名声が残らないようでは、自分自身を棄てることに他ならない」と語っていた。

自分の幕僚などが、清談に耽《ふけ》ったり、賭博で職務を怠るようなことがあると、その酒器や遊具を取りあげて長江に投げ込ませ、官僚や軍人の場合は、鞭や扑で打ちすえて、「賭博などは、豚飼いの下人の手なぐさみだ。老荘の空疎な説は、先王の正統な言葉に合わず、行ってはならない。

君子たる者は、衣冠を正しくして威儀を保たなければならない。頭髪を乱して人生に弘く達観した達人だという名声・人望を得ようとし、それを弘達などとて独りよがりするなどは、以ての外のことだ」と戒めた。

＊出典…『晋書』巻六十六。陶侃《とうかん》の運甓《うんぺき》の逸話はよく知られている。

＊陶侃…字は士行（二五七〜三三二）、陶淵明の曽祖父。東晋の大臣。地方官としては、長江一帯に威名をとどろかした。雄毅《ゆうき》にして権略《けんりゃく》あり、明悟にして決断力あり。彼の所管に属する長江数千里の間、路に落ちたるを拾わずと称えられた。

＊甓…磚《せん》のこと。灰色の煉瓦。

＊力を中原に致す…中原は長江以北をいう。晋の愍帝が長安で匈奴《きょうど》族の劉曜に降って西晋は亡び（三一六）東晋が建業（南京）に興った。その中原を回復するために尽力すること。

＊閫外《こんがい》…閫は門の敷居で、その外側は、将軍の所掌であった。閫内は君主の所掌。

＊大禹…夏王朝の祖の禹王。黄河の治水に大功あり。舜より天子の位を譲られた。

＊参佐…参謀佐貳など刺史の補佐の官、参はその政事に参画すること。

＊談戯…談は、語る。戯は、たわむれる。老荘の道を語り、博弈のたわむれをなす意。
＊蒱博《ほはく》…蒱は、摴蒱、さいころを使う遊び。博は博弈。
＊鞭扑《べんぼく》…鞭は、革の鞭。扑は榎や楚の木の鞭を言う。

范文正公《はんぶんせいこう》、少《わか》うして大節《たいせつ》有《あ》り。其《そ》の富貴《ふつき》・貧賤《ひんせん》、毀《き》譽《よ》・歡戚《くわんせき》に於《お》いて、一《いつ》も其《そ》の心《こころ》を動《うご》かさず。而《しか》して慨然《がいぜん》として天下《てんか》に志《こころざし》有《あ》り。嘗《かつ》て自《みづか》ら誦《しよう》して曰《いは》く、士《し》は當《まさ》に天下《てんか》の憂《うれひ》に先《さき》だつて憂《うれ》へ、天下《てんか》の樂《たのしみ》に後《おく》れて樂《たの》しむべし、と。

其《そ》の上《かみ》に事《つか》へ人《ひと》に遇《ぐう》する、一《いつ》に以《もつ》て自《みづか》ら信《しん》じ、利害《りがい》を擇《えら》び趨捨《すうしや》を爲《な》さず。其《そ》の爲《な》す所《ところ》有《あ》るや、必《かなら》ず其《そ》の方《はう》を盡《つく》して曰《いは》く、之《これ》を爲《な》すこと我《われ》よりする者《もの》は、當《まさ》に是《かく》の如《ごと》くなるべし。其《そ》の成《な》ると否《いな》とは、我《われ》に在《あ》らざる者《もの》有《あ》り。聖賢《せいけん》と雖《いへど》も必《ひつ》とする能《あた》はず。吾《われ》豈《あに》苟《いやし》くもせんや、と。

〔大意〕
范文正公《はんぶんせいこう》は、若い時から偉大な節操を堅持していた。富貴・貧賤、毀誉《きよ》・歓戚《かんせき》などについては、全くその心を動かすことなく、われこそ、天下の大事に任ずる者であるという、世を憂え憤る大志を抱いていた。公は、常づね自ら「士たる者は、天下の人びとの憂いに先んじて憂え、天下の人びとが皆、楽しむ後に楽しむべきである」と誦《くちずさ》んでいた。

范文正公はまた、上司に仕え下僚を処遇する姿勢として、もっぱら自分の確《かた》く信ずる所に基づいて対応し、利害による選り好みで、取捨選択することはしなかった。事に処する際には、そのあるべき方策を尽くして努力し、「この事について自分の為すべきことは、当然かくあるべきである。けれども、それが成就するか否かについては、自分の決めることではない。事の成否を保証することなどは古の聖賢であってもできないことであった。決して自分は、苟《かりそ》めにもそのようなことは願わない（当然なすべき努力をするのみである）」と言った。

＊出典…『欧陽文忠公文集』范文正公神道碑に見える。「先憂後楽」の語は著名。
＊范文正公…宋の仁宗朝の大臣、范仲淹（九八九〜一〇五二）のこと。字は希文、諡《おくりな》は文正。
＊歓戚…歓は、よろこび。戚は、憂患。
＊嘗…二つの解釈あり。一は、秀才となった若き日に言ったとし、一つは、常にの意。
＊士…道義の学問をして官僚となり主君に仕える者の意。士君子という語もある。
＊我自《よ》りする者…自分からすべきこと。自分としてできること。
＊我に在らざる者有り…自分の能力の範囲に属さないものがある。
＊豈《あに》苟くもせんや…高愈の『小学纂註』によれば、苟は、僥倖《ぎょうこう》で成功を願う意という。

司馬温公《しばをんこう》嘗《かつ》て言《い》ふ、吾《われ》、人《ひと》に過《す》ぐる者《もの》無《な》し。但《ただ》平生《へいぜい》爲《な》す所《ところ》、未《いま》だ嘗《かつ》て人《ひと》に對《たい》して言《い》ふ可《べ》からざる者《もの》有《あ》らざるのみ、と。

〔大意〕

司馬温公《しばおんこう》は、嘗て「自分には、人に優っていることは何もないが、ただ平生人に対して言うことができないようなことをしていないだけである」と言った。

*司馬温公《しばおんこう》…司馬光（一〇一九～一〇八七）のこと。字は君実、王安石の新法に反対、『資治通鑑《しじつがん》』の著者。太師温国公を贈られたので、司馬温公と称される。諡《おくりな》は文正。文正は最高の諡であった。范文正公と同じく「自信」の所有者であり、諡も同じく文正であった。両者が並ぶゆえんであろう。

*出典…晁補之（字は無咎）の著『晁無咎詞』によって、この言葉は、後世に伝わった。温公が、自《みずか》ら信じて言ったこの言葉には、その心を立つるところ、ひたすら真実という意味で、人に

過ぎること、かえって万全といえよう。

明道先生《めいだうせんせい》、終日端坐《しゆうじつたんざ》し、泥塑人《ていそじん》の如《ごと》し。人《ひと》に接《せつ》するに至《いた》るに及《およ》びては、則《すなは》ち渾《すべ》て是《こ》れ一團《いつだん》の和氣《わき》なり。

〔大意〕
程明道《ていめいどう》先生は、ひねもす端然と正座していて、まるで泥人形のように静かで重おもしかったが、人と接すると、温和の雰囲気そのものだけが感じられた。

＊出典…『程氏外書』による。
＊二程氏の対比…兄の程明道と弟の程伊川は、温和と厳格の典型として対比されるが、この項は、明道先生の温和の有様を象徴する文章として有名である。

一

劉忠定公《りうちゆうていこう》、温公《をんこう》に見《まみ》え、心《こころ》を盡《つく》して己《おのれ》を行《おこな》ふの要《えう》にして、以《もつ》て身《み》を終《おは》るまで之《これ》を行《おこな》ふ可《べ》き者《もの》を問《と》ふ。公曰《こういは》く、其《そ》れ誠《まこと》か、と。劉公《りうこう》問《と》ふ、之《これ》を行《おこな》ふ何《なに》をか先《さき》にせん、と。公曰《こういは》く、妄語《まうご》せざるより始《はじ》む、と。劉公《りうこう》初《はじ》め甚《はなは》だ之《これ》を易《やす》しとす。退《しりぞ》きて自《みづか》ら隱括《いんくわつ》するに及《およ》び、日《ひ》に行《おこな》ふ所《ところ》と、凡《およ》そ言《い》ふ所《ところ》と、自《みづか》ら相掣肘《あひせいちう》矛盾《むじゆん》する者多《ものおほ》し。力行七年《りきかうしちねん》にして、而《しか》る後《のち》に成《な》る。此《これ》より言行一致《げんかういつち》、表裏相應《へうりあひおう》じ、事《こと》に遇《あ》ひて坦然《たんぜん》、常《つね》に餘裕有《よゆうあ》り。

劉公《りうこう》、賓客《ひんかく》を見《み》るに、談論《だんろん》、時《とき》を踰《こ》ゆれども、體《たい》に欹側無《きそくな》く、肩背《けんはい》、竦直《しようちよく》にして、身少《みすこ》しも動《うご》かず、

一　手足《しゅそく》に至《いた》るまで亦《また》移《うつ》らず。

〔大意〕

劉忠定公《りゅうちゅうていこう》が司馬温公を訪ねて、己れの心のすべてを尽くし、己れの生き方在り方を完全にする要諦として、生涯、それを実践してゆくべきものは何でしょうかと尋ねたところ、温公は、それは誠であろうと答えた。

そこで、劉忠定公は、誠を実践するには、先ず何から優先すべきでしょうかと尋ねたところ、偽りやでまかせを言わないことから始めることだと応えた。劉公は、それを聞いて初めは、甚だ容易なことだと考えていた。ところが、温公のところから退去して帰り、静かに反省してみると、日々自分が行なっていることと、言っていることが、両立し得ないことや一方しか行ない得ない不合理なことが多いことが判明した。

そこで、もっぱら努力を傾けること七年にして、誠を実践することが成就した。それから後は、言うことと行なうことが一致し、心の表と裏とが一貫するようになって、何事に遇っても、平静にゆったりと対応することが出来るようになった。

劉忠定公は賓客に面会する際、談論が二時間を超えるような場合でも、姿勢をくずすことなく、背筋を伸ばして真直であり、身体を動揺させず、手足までも、あちこちに移動することはなかった。

＊出典…劉安世（劉忠定公）の語録『元城語録』による。劉安正は、司馬温公に師事し、その第一の後継者と見なされていた。

＊温公…司馬光（司馬温公／一〇一九〜一〇八七）北宋を代表する学者・政治家。字は君実、王安石の新法に反対して旧法党を率いたが用いられず、引退して『資治通鑑《しじつがん》』の撰述に力を傾注した。大師温国公を賜わり、司馬温公と称された。文正と諡《おくりな》された。

＊心を尽くして…『孟子』尽心上に「その心を尽くす者は、その性を知る」と見える。

＊己を行ふ…『論語』公冶長篇に「その己を行ふや恭」、又子路篇に「己を行ひて恥あり、…」などと見える。

＊誠…朱子は「温公の誠は、即ち『大学』に所謂其の意を誠にするもの、人の其の心を実にして自ら欺かざるを指す」と解し、『中庸』の「之を誠にするは人の道なり」に当たるものとしている。

＊妄語…偽言やでまかせを意味する。

＊之を易しとす…容易なこととして軽く考える。
＊檃括《いんかつ》…木を矯正する器具。自ら点検・省察することのたとえとして用いられている。
＊坦然…心の安静なさま。
＊欹側《きそく》…かたむきそばたつこと。
＊竦直《しょうちょく》…そびえてまっすぐなこと。精神を振るい起して、真直ぐにしていること。

李《り》文《ぶん》靖《せい》公《こう》、居《きよ》第《だい》を封《ほう》丘《きう》門《もん》の外《そと》に治《をさ》む。廳《ちやう》事《じ》の前《まへ》、僅《わづか》に馬《うま》を旋《めぐら》す容《べ》し。或《ある》ひと其《そ》の太《はなは》だ隘《せま》きを言《い》ふ。公《こう》笑《わら》ひて曰《いは》く、居《きよ》第《だい》は當《まさ》に子《し》孫《そん》に傳《つた》ふべし。此《こ》れ宰《さい》輔《ほ》の廳《ちやう》事《じ》と爲《な》さば誠《まこと》に隘《せま》し。太《たい》祝《しゆく》・奉《ほう》禮《れい》の廳《ちやう》事《じ》と爲《な》さば、則《すなは》ち已《はなは》だ寛《ひろ》し、と。

〔大意〕
李文靖公《りぶんせいこう》は、開封の封丘門《ほうきゅうもん》外に私邸を造ったが、手狭で、その表座敷の前は、ようやく馬を引き廻すことが出来る程度であった。そこで、ある人が、余りにも狭すぎると言ったのに対して、公は笑って「私邸というものは、やがて子孫に伝えていくべきものだ。この表座敷も、宰相の座敷としては、まことに狭隘《きょうあい》であるが、太祝・奉礼節となる子孫の座敷とすれば、むしろ広すぎる」と言った。

＊出典…『温公訓倹文』による。
＊李文靖公…宋初の宰相。名沆（九四七～一〇〇四）、字は太初。太宗時代の進士で、真宗（九九八～一〇二二在位）の時、国史を監修して中書侍郎となり、後に門下侍郎・尚書右僕射に昇進した。真宗は、その危篤を見舞い、死を聞いて、再びその家に臨んで慟哭《どうこく》したという。名宰相の典型と評されている。
＊居第《きょだい》を治む…治むは造営すること。居第は私邸のこと。つまり私邸を普請《ふしん》した。
＊庁事…賓客の応接等に用いる前堂、つまり表座敷。
＊宰輔《さいほ》…宰相のこと。
＊太祝・奉礼…宰相の子弟が、蔭任（父の勲功のお蔭で叙任され官職）される場合、最初に、この「太祝・奉礼」などに任ぜられる習慣があった。

汪《わう》信《しん》民《みん》嘗《かつ》て言《い》ふ、人《ひと》能《よ》く菜《さい》根《こん》を咬《か》み得《え》ば、則《すなは》ち百《ひやく》事《じ》做《な》す可《べ》し、と。胡《こ》康《かう》侯《こう》之《これ》を聞《き》き、節《せつ》を撃《う》ちて嘆《たん》賞《しやう》す。

〔大意〕
汪信民《おうしんみん》は、かつて「食事は、いつも菜葉や大根のような粗末なものだけという生活に堪え得る人であれば、何事でもやりとげることができる」と言った。
この言葉を伝え聞いた胡康侯《ここうこう》は、わが意を得たりと、机をたたいて称歎の声を発した。

＊出典…『呂氏師友雑録』による。
＊汪信民《おうしんみん》…汪革、信民は字である。宋の臨川の人、性、孝友、家貧にして学を好む。生平《せいへい》、深厚《しんこう》にして伐《ほこ》らずと評されている。
＊胡康侯《ここうこう》…胡安国（一〇七四〜一一三八）、字は康侯、文定は諡《おくりな》。

＊節を撃つ…何かを打ち、調子をつけること。
＊嘆賞…その秀れたことに感激し、褒め称えること。
＊明代の洪自誠の『菜根譚《さいこんたん》』の書名は、この言葉に本づいている。

おわりに

『小学』内外二篇、二百七十四条目は、不世出《ふせいしゅつ》の碩学大儒《せきがくたいじゅ》といわれる朱子（一一三〇～一二〇〇　名は熹《き》、字《あざな》は元晦《げんかい》、晦菴《かいあん》と号す）が、その門弟というより寧ろ同志として遇した劉清之《りゅうせいし》（字は子澄《しとう》《しちょう》）と共に、十年余の歳月を費し、心意を尽くして編纂したもので、一一八七年に完成しています。時に朱子五十八歳、まさに人生の円熟期の成果であったといえます。

この『小学』の内篇は、概ね前漢以前の『論語』や『礼記《らいき》』などの聖経・賢伝を引用した倫理概論、外篇は、内篇に説かれた原理・原則の正しいことを漢代以後の先賢の言行によって実証したものといえます。

内篇は、立教・明倫・敬身・稽古の四巻、外篇は、嘉言・善行の二巻、計六巻から成っていますが、その内容から見ると、両篇とも立教・明倫・敬身の三節目から構成されていいます。稽古は、古人の実在の言行によって三節目の証拠としたものといえます。

立教では、教えの本質とその大切さを説き、明倫では、その教えとは、父子の親、君臣の義、夫婦の別、長幼の序、朋友の信の五倫のことであることを明らかにし、敬身では、明倫の実践が居敬《きょけい》の実内容にほかならないことを示しています。つまり、敬とは、天賦の性理すなわち良知良能の作用の最も活発に行なわれることで、日常生活における諸徳目の履習こそ、居敬の実習にほかならないことを示しています。

この『小学』について、安岡正篤先生は、章風山の故事を紹介し、「体現、体得を重んじた知行合一の学問」であると強調して、「これをしみじみ読んでみると、いくど読んでも、幾歳になって読んでも、実に感激の新たなものがあります」と述懐しています。

因《ちな》みに、敬身の実践例を集めた「善行」巻の末尾は「人常に菜根《さいこん》を咬《か》み得ば、則ち百事做《な》す可《べ》し」という汪信民《おうしんみん》の言葉をもって締め括っていますが、あのアフォリズム（清言）文学の傑作『菜根譚《さいこんたん》』の書名は、この言葉に由来しています。

本書は、『小学』の二百七十四条目の中から、要諦ともいうべき八十条目程を摘出し、それぞれ、原漢文の書き（読み）下し文と訳注（「大意」と注釈）を付して刊行するものです。心ある多くの方がたに御覧いただければ幸に存じます。

〈著者紹介〉

荒井桂（あらい・かつら）
昭和10年埼玉県生まれ。33年東京教育大学文学部卒業（東洋史学専攻）。以来40年間、埼玉県で高校教育、教育行政に従事。平成5年から10年まで埼玉県教育長。在任中、国の教育課程審議会委員並びに経済審議会特別委員等を歴任。16年6月より公益財団法人郷学研修所・安岡正篤記念館副理事長兼所長。安岡教学を次世代に伝える活動に従事。著書に『安岡教学の淵源』『安岡正篤「光明蔵」を読む』『大人のための「論語」入門』（共著）、訳書に『山鹿素行「中朝事実」を読む』、編書に『安岡正篤教学一日一言』（以上いずれも致知出版社）がある。

「小學」を読む

平成二十七年八月三十一日第一刷発行

著者　荒井　桂
発行者　藤尾　秀昭
発行所　致知出版社
〒150-0001 東京都渋谷区神宮前四の二十四の九
TEL（〇三）三七九六—二一一一
印刷・製本　中央精版印刷
落丁・乱丁はお取替え致します。　（検印廃止）

ISBN978-4-8009-1080-6 C0095
ホームページ　http://www.chichi.co.jp
Eメール　books@chichi.co.jp